Handbuch mit R Übungen Wirtschaftswissenschaften zur Verwendung mit Band II. Moderne Wirtschaftsprobleme

Frank A. Fetter

Writat

Diese Ausgabe erschien im Jahr 2024

ISBN: 9789359940960

Herausgegeben von
Writat
E-Mail: info@writat.com

Nach unseren Informationen ist dieses Buch gemeinfrei.
Dieses Buch ist eine Reproduktion eines wichtigen historischen Werkes. Alpha Editions verwendet die beste Technologie, um historische Werke in der gleichen Weise zu reproduzieren, wie sie erstmals veröffentlicht wurden, um ihre ursprüngliche Natur zu bewahren. Alle sichtbaren Markierungen oder Zahlen wurden absichtlich belassen, um ihre wahre Form zu bewahren.

Inhalt

VORWORT .... - 1 -
KAPITEL 1 Materielle Ressourcen der Nation .... - 2 -
KAPITEL 2 DAS DERZEITIGE WIRTSCHAFTSSYSTEM - 4 -
KAPITEL 3 BEschaffenheit, Verwendung und Münzprägung des Geldes .... - 6 -
KAPITEL 4 DER WERT DES GELDES .... - 7 -
KAPITEL 5 TREUHANDGELD, METALL UND PAPIER .... - 11 -
KAPITEL 6 DER STANDARD DES ZAHLUNGSAUFSCHUBS .... - 14 -
KAPITEL 7 DIE FUNKTIONEN DER BANKEN .... - 19 -
KAPITEL 8 BANKEN IN DEN VEREINIGTEN STAATEN VOR 1914 .... - 24 -
KAPITEL 9 DAS FEDERAL RESERVE ACT .... - 26 -
KAPITEL 10 KRISEN UND INDUSTRIELLE DEPRESSIONEN .... - 28 -
KAPITEL 11 SPAREN- UND INVESTITIONSINSTITUTIONEN .... - 31 -
KAPITEL 12 VERSICHERUNGSGRUNDSÄTZE .... - 32 -
KAPITEL 13 INTERNATIONALER HANDEL .... - 34 -
KAPITEL 14 DIE POLITIK EINES SCHUTZTARIFS - .... - 38 -
KAPITEL 15 AMERIKANISCHE ZOLLGESCHICHTE ... - 41 -
KAPITEL 16 GEGENSTÄNDE UND GRUNDSÄTZE DER BESTEUERUNG .... - 43 -

KAPITEL 17 GRUNDSTÜCK- UND KÖRPERSCHAFTSTEUERN - ....- 44 -

KAPITEL 18 PERSÖNLICHE STEUERN ....- 46 -

KAPITEL 19 METHODEN DER INDUSTRIELLEN VERGÜTUNG ....- 48 -

KAPITEL 20 ORGANISIERTE ARBEIT ....- 50 -

KAPITEL 21 ÖFFENTLICHE REGELUNG VON STUNDEN UND LÖHNEN ....- 53 -

KAPITEL 22 SONSTIGE ARBEITSSCHUTZ- UND SOZIALGESETZE ....- 55 -

KAPITEL 23 SOZIALVERSICHERUNG ....- 57 -

KAPITEL 24 BEVÖLKERUNG UND EINWANDERUNG - 59 -

KAPITEL 25 LANDWIRTSCHAFTLICHE UND LÄNDLICHE BEVÖLKERUNG ....- 62 -

KAPITEL 26 PROBLEME DER AGRARWIRTSCHAFT - 64 -

KAPITEL 27 DAS EISENBAHNPROBLEM ....- 66 -

KAPITEL 28 DAS PROBLEM DES INDUSTRIELLEN MONOPOLS ....- 69 -

KAPITEL 29 ÖFFENTLICHE POLITIK IN BEZUG AUF MONOPOL ....- 73 -

KAPITEL 30 ÖFFENTLICHES EIGENTUM ....- 76 -

KAPITEL 31 EINIGE ASPEKTE DES SOZIALISMUS ...- 78 -

VORWORT

Dieses Handbuch orientiert sich an dem „Manual of References and Exercises", das im Herbst 1916 als Begleitband zum Band „Ökonomische Grundlagen" veröffentlicht wurde.

Die Literatur zu dem in „Modern Economic Problems" behandelten Fachgebiet ist inzwischen so umfangreich, dass nur einige der Titel in die folgenden Listen aufgenommen werden konnten. Bei den angegebenen Referenzen handelt es sich in der Regel um die neueren Referenzen, die für Studierende hilfreich sein könnten, die tiefer in die Themen einsteigen möchten.

Die Sammlung von Fragen und Übungen basiert auf der Liste, die erstmals 1904 in den „Grundsätzen der Wirtschaftswissenschaften" des Autors gedruckt und 1910 stark erweitert wurde. Es wurde viel Material hinzugefügt, das in der Unterrichtsarbeit an der Princeton University entwickelt und verwendet wurde, und einige andere Probleme wurden aus anderen veröffentlichten Listen entnommen oder durch diese vorgeschlagen. Der Plan, die Originalquellen für eine Reihe dieser Fragen anzugeben, erwies sich als zu schwierig, um ihn für die vorliegende Ausgabe abzuschließen. Tatsächlich scheint es, dass zahlreiche Testprobleme zu einem gemeinsamen Erbe von Wirtschaftslehrern geworden sind, und man kann kaum sicher sein, ob man die Ideen auf ihre ursprünglichen Quellen zurückgeführt hat. Einige von ihnen tauchen seit einem halben Jahrhundert in etwas unterschiedlicher Form in verschiedenen Listen auf.

Besonderer Dank gilt meinen Kollegen, den Professoren Adriance und McCabe, die eine Reihe der Fragen für den Unterricht entwickelt haben; und an Dr. Stanley E. Howard, der bei der Erstellung dieses Handbuchs in seiner jetzigen Form äußerst wertvolle Hilfe geleistet hat.

FAF

Princeton, NJ, Februar 1917.

KAPITEL 1
Materielle Ressourcen der Nation

VERWEISE. (Die mit einem Sternchen (*) markierten Aufgaben sind die kürzeren Aufgaben, die am besten zutreffen.)

Adams, CC, Handelsgeographie. 1906.

Marsh, GP, Mensch und Natur: oder physische Geographie, wie sie durch menschliches Handeln verändert wird. 1864. (Spätere Ausgaben unter dem Titel „Die Erde, wie sie durch menschliches Handeln verändert wurde.")

* *Materials*, 58-61 (Auszug aus *Mason, OT*, Technogeography, or the relation of the Earth to the Industries of Mankind. American Anthropologist, 7: 135-158. 1905); 61-66 (Auszug aus *Semple, EC*, Einfluss der geografischen Umgebung. 1911.)

Smith, JR, Industrie- und Handelsgeographie, 1913.

* *Source Book*, 292-302 (Auszug aus); *Daniels, WM*, Wirtschaftliche Ursachen beeinflussen die politische Geschichte der Vereinigten Staaten. Accountants' Magazine, Mai 1907.

Teele, RP, Bewässerung in den Vereinigten Staaten. 1915.

Trotter, S., Die Geographie des Handels. 1903.

Volkszählung der Vereinigten Staaten, 1910. Band zu Vermögen, Schulden und Steuern.

Van Hise, CR, Erhaltung natürlicher Ressourcen. 1910.

FRAGEN.

1. Welcher Zusammenhang ist zwischen den allgemeinen industriellen Bedingungen und dem Pro-Kopf-Vermögen zu beobachten? Zwischen dem Charakter des Volkes und dem Pro-Kopf-Vermögen? Können Länder geografisch nach ihrem Pro-Kopf-Vermögen gruppiert werden?

2. Wie schneiden die Vereinigten Staaten im Vergleich zu anderen Ländern hinsichtlich der geschätzten Mengen und Werte von Getreideprodukten ab? Textilfasern? _ Kohle? Eisen- und Kupfererz? Präsentieren Sie die Ergebnisse Ihrer Studie tabellarisch.

3. Bereiten Sie aus den Berichten der dreizehnten Volkszählung eine tabellarische Erklärung vor, die die geografische Verteilung unserer wichtigsten inländischen Versorgungsquellen für die wichtigsten Getreidearten, Vieh, Textilfasern, Kohle, Eisenerz und Kupfererz usw. zeigt Wasserkraft.

4. Welche physikalischen Bedingungen erklären die Größe des alten Ägypten, Venedigs, Hollands, Englands und der Vereinigten Staaten?

5. Hat die Isothermenlinie einen Zusammenhang mit der Anzahl der Millionäre?

KAPITEL 2
DAS GEGENWÄRTIGE WIRTSCHAFTSSYSTEM

VERWEISE.

Cooley, CH , Die menschliche Natur und die soziale Ordnung. 1902.

Cooley, CH , Persönlicher Wettbewerb. Amer. Wirtschaft. Assn., Econ. Studien, 4: 78-173. 1899.

* *Ely, RT* , Wettbewerb: seine Natur, seine Beständigkeit und seine Wohltätigkeit. AE Assn. Pubs., 3. Ser., 2: 55-70. 1901.

Ely, RT , Entwicklung der Industriegesellschaft. 1903.

Ely, RT , Eigentum und Vertrag in ihrem Verhältnis zur Vermögensverteilung. 1914. (2 Bde.)

Giddings, FH , Das Wirtschaftszeitalter. PSQ, 16: 193-221. 1901.

* *Gray, John H.* , Wirtschaft und Recht. AE Rev., 5 (Nr. 1, Supp.): 3-23. 1914.

Kinley, David , Die erneute Ausweitung der staatlichen Kontrolle des Wirtschaftslebens. AE Rev., 4 (Nr. 1, Supp.): 3-17. 1914.

Schmoller, Gustav , Das Handelssystem. Trans. von Ashley, 1896.

FRAGEN.

1. Erläutern Sie kurz die Theorien zur Entstehung des Privateigentums und kritisieren Sie diese.

2. Welche Theorien wurden in der Vergangenheit zur Rechtfertigung des Systems des Privateigentums aufgestellt?

3. Können sich Menschen im Rahmen des Privateigentums über die Verwendung ihres Reichtums durch andere mit der bloßen Begründung beschweren, dass dies unklug war?

4. Was sind die anerkannten Beschränkungen des Rechts auf Privateigentum? Stehen diese Beschränkungen im Widerspruch zu dem Grundsatz, nach dem Privateigentum heute allgemein verteidigt wird?

5. Ist das Erbschaftsrecht eine notwendige Voraussetzung für Privateigentum?

6. Kennen Sie einen Vater, der mehr Vermögen geschaffen hat, weil er es seinem Sohn hinterlassen konnte?

7. Arbeitet der Sohn genauso hart, wenn er das Vermögen seines Vaters erbt?

8. Welchen Einfluss hat Privateigentum auf das Sparen?

9. Was versteht man unter dem „Fabriksystem"?

10. Welche historischen Phasen hat die Produktion durchlaufen?

KAPITEL 3
BEschaffenheit, Verwendung und Münzprägung des Geldes

VERWEISE.

Jevons, WS, Geld und der Mechanismus des Tauschs. 1875. Kap. III-VII, XIII.

* *Johnson, JF*, Geld und Währung. 1905. Kap. I, II, IX.

* *Phillips, CA (Hrsg.)*, Lesungen zu Geld und Bankwesen. 1916. Kap. I-III, XIV.

Walker, FA, Geld in seinen Beziehungen zu Handel und Industrie. 1. Aufl. 1879. Kap. Ich, II.

White, Horace, Geld und Bankwesen anhand der amerikanischen Geschichte. Ed. 1914. Bk. ICH.

FRAGEN.

1. Welche Eigenschaften hat Metallgeld?

2. Was ist die Schwierigkeit bei der Entscheidung, ob das folgende Geld zu nennen ist: Goldbarren, Goldmünzen, Silberdollars, Kupfercents, Greenbacks, Bankschecks, Kreidestriche zur Kontoführung?

3. Wer stellt Münzen her? Würden Juweliere bessere herstellen?

4. Welche Vor- und Nachteile hat eine Seignioragesteuer?

KAPITEL 4
DER WERT DES GELDES

VERWEISE.

Fisher, Irving, Die Kaufkraft des Geldes. 1911.

Gibson, Thomas, Spezielle Marktbriefe zum zunehmenden Goldangebot und seinen Auswirkungen auf Sicherheitswerte; Zinsen; Warenpreise usw. 1908.

* *Johnson*, Kap. III-VIII, X.

Kemmerer, EW, Geld- und Kreditinstrumente in ihrem Verhältnis zu allgemeinen Preisen. 2. Aufl. 1909.

Magee, JD, Geld und Preise. JPE, 21: 681–711, 798–818. 1913.

* *Phillips*, Kap. VIII, XI.

Diskussionsrunde, Geld und Preise. AE Assn. Bul., 4. Folge, 1 (Nr. 2): 46-70. 1911.

* *Quellenbuch*, 303-313. (Auszug aus dem Bericht des Finanzministers, 1911.)

Finanzminister der Vereinigten Staaten, Finanzbericht, 1911.

Walker, FA, chs. IV, V.

FRAGEN.

1. Welche Funktionen hat Geld?

2. Was sind neben der Verwendung von Geld die wichtigsten Faktoren, die eine Nachfrage nach Gold und Silber hervorrufen?

3. Warum legen Sie Wert auf Geld? Schätzen Sie es mehr als die Dinge, die es kauft?

4. Was ist der Gewinn, wenn Waren gegen Geld oder Geld gegen Waren getauscht werden?

5. Wenn Geld ein Werkzeug ist, was macht es dann?

6. Ist der Gewinn für die Gemeinschaft größer oder geringer, wenn Gold aus der Mine kommt, als wenn Getreide im gleichen Wert geerntet wird?

7. Sind Männer im Verhältnis zu dem Geld, das sie haben, wohlhabend? Sind Länder?

8. Wäre eine Nation ärmer, wenn sie wie Sparta alles Geld verbieten würde?

9. Ist eine Gemeinschaft arm, weil sie wenig Geld im Umlauf hat, oder hat sie wenig Geld im Umlauf, weil sie arm ist?

10. Könnte ein Land besser ohne Geld, Pferde oder Straßen auskommen?

11. Warum verlässt fast das gesamte in Kalifornien geförderte Gold den Staat? Was hält etwas davon dort?

12. Der Münzpreis für eine Unze Gold beträgt 0,900 Feinunze und liegt in San Francisco und Philadelphia bei 18,604 US-Dollar. Warum wird Gold jemals von Kalifornien nach New York verschifft?

13. Kostet Gold den Tagelöhner in Kalifornien genauso viel wie in New York?

14. Beachten Sie alle Gewohnheiten von Freunden, die dazu führen, dass sie mehr oder weniger Geld bei sich haben als andere mit dem gleichen Einkommen.

15. Was bestimmt den Geldbetrag, den verschiedene Personen, Städte, Staaten und Nationen benötigen?

16. Nennen Sie Beispiele für Dinge, die die Geldnachfrage erhöhen.

17. Würde es auf einer isolierten Insel irgendeinen Unterschied im Wert des Geldes machen, wenn es nur eine oder mehrere konkurrierende Goldminen gäbe, vorausgesetzt, die Produktion wäre dieselbe?

18. Wie viel Prozent. des gesamten Geldes der Welt ist die jährliche Produktion von Gold; aus Silber; aus Gold und Silber? Stat. Abst .

19. Ist der Wert von Gold und Silber auf das Handeln der Regierung zurückzuführen?

20. Auf welche Weise kann die Regierung den Wert des Währungsstandards bestimmen?

21. Welche Auswirkung hätte es auf die Preise, wenn sich die Zahl aller unterschiedlichen Nennwerte der Tauschmittel verdoppeln würde und die Umtausche unverändert bleiben würden?

22. Gilt es für alle Waren, dass Angebotsänderungen ihren Wert proportional beeinflussen? Gilt das für Geld? Wenn es Ihrer Meinung nach einen Unterschied gibt, erklären Sie ihn.

23. Wenn die Kohlemenge in einem Land um 25 Prozent erhöht würde, um wie viel Prozent würden Sie erwarten, dass sich der Wert der Kohle ändert? Gib Gründe. Wenn die Geldmenge in einem Land um 25 Prozent erhöht würde, in welche Richtung und um welchen Prozentsatz würde sich der Wert

des Geldes ändern? Gib Gründe. (In jedem Fall lautet die Bedingung „unter sonst gleichen Bedingungen".)

24. Wenn in einer bestimmten Gemeinde alle Uhrengehäuse aus Gold wären und jedes Gehäuse eine Unze Gold enthalten würde, würden Sie dann erwarten, dass der Wert der Uhrengehäuse um genau die Hälfte sinkt, wenn die Anzahl der Uhrengehäuse in der Gemeinde verdoppelt würde? , alles andere bleibt gleich? Wenn in einer anderen Gemeinschaft (zu einem anderen Zeitpunkt) alle Umtauschgeschäfte ausschließlich mit Goldmünzen erfolgen würden, von denen jede eine Unze reines Gold enthält, würden Sie dann erwarten, dass sich die Preise im Allgemeinen genau verdoppeln würden, wenn in der Gemeinschaft keine Änderung eintreten würde, außer a Verdoppelung der Anzahl der im Umlauf befindlichen Münzen?

25. Warum könnte ein verstärkter Rückgriff auf den Tauschhandel ähnliche Auswirkungen auf das allgemeine Niveau der Geldpreise haben wie eine verstärkte Verwendung von Kredit als Tauschmittel?

26. Was führt zu der manchmal vertretenen Überzeugung, dass Geld ein unveränderlicher Wertmaßstab sei?

27. Definieren Sie die Abwertung und Aufwertung der Währung. Welche Ursachen können beides hervorrufen? Welche Auswirkungen hat beides? Was bestimmt allgemeiner den Wert der Währung?

28. Wenn Gold so reichlich vorhanden wäre wie Eisen, wäre es dann mehr oder weniger wert als Eisen?

29. Eine Nation, die keinen Außenhandel hatte, hatte ursprünglich 1.000.000 Münzen im Umlauf, jede hieß Florin und enthielt jeweils eine Unze reines Metall. Zu diesem ursprünglichen Münzumlauf fügt die Regierung 500.000 Gulden hinzu, von denen jeder eine halbe Unze reines Metall enthält, und gleichzeitig fügt die Regierung dem Umlauf 600.000 Gulden in Form von nicht konvertierbarem Papier hinzu. Sowohl der Halbunzen-Gulden als auch der Papier-Gulden sind per Gesetz gesetzliches Zahlungsmittel für einen vollen Gulden. Da es keine Tendenz gibt, zwischen der Annahme verschiedener Arten von Gulden im Inlandshandel zu unterscheiden, und da sich in der Geldsituation keine anderen Änderungen ergeben als die, die durch die oben erwähnten Zusätze zum Umlaufmedium erforderlich sind, sagen Sie zunächst, was letztendlich der Fall sein wird Anzahl der im Umlauf befindlichen Gulden und Begründung; und sagen Sie zweitens, aus welchen Arten von Gulden und in welchen Anteilen das endgültige zirkulierende Medium zusammengesetzt sein wird.

30. Nehmen wir an, dass ein Land ausschließlich Gold als Zahlungsmittel verwendet und 2.000.000 Münzen im Umlauf hat, unter einem System der freien Münzprägung. Welchen Effekt hätte die Schließung der Münzstätten

und die Ausgabe von 1.500.000 neuen Münzen, die neun Zehntel so viel Gold wie die oben genannten Münzen enthalten, unter der Annahme, dass die Anzahl der ausgetauschten Waren gleich bleibt? Erkläre es ausführlich. Wie viele solcher neuen Münzen kann die Regierung insgesamt ausgeben und im Umlauf halten? Erkläre es ausführlich.

31. Ein Land, das Goldgeld als einziges Tauschmittel unter freier und unentgeltlicher Münzprägung verwendet, nimmt die folgende Änderung vor: Es erhebt eine Seigniorage-Gebühr von zehn Prozent, ohne jedoch auf die kostenlose Münzprägung zu verzichten oder die Menge an Feingold zu verringern Die Münze. Inwieweit und in welche Richtung wird sich der Wert des Geldes, wenn überhaupt, verändern?

(a) wenn die Zahl der ausgetauschten Waren schrittweise um fünf Prozent steigt;

(b) wenn die Zahl der ausgetauschten Waren allmählich um 25 Prozent steigt.?

Geben Sie Ihre Gründe klar an.

KAPITEL 5
Treuhandgeld, Metall und Papier

VERWEISE.

* *Jevons* , Kap . VIII, XVII, XVIII.

* *Johnson* , Kap . XIII-XVI.

Kemmerer, EW , Moderne Währungsreformen. 1916.

* *Phillips* , Kap . IV, V, XII.

Direktor der Münzprägeanstalt der Vereinigten Staaten , Jahresberichte.

Walker , Kap . VIII-XII.

Weiß , Bk. II, Kap . III-VI.

FRAGEN.

1. Wenn 5.160 Körner Standardgold (das sind neun Zehntel Feingold, das andere Zehntel besteht aus der Legierung, die in Goldmünzen der Vereinigten Staaten verwendet wird) in New York für 201,25 Dollar verkauft werden, ist der „Sättigungspunkt" des Geldes erreicht oder überschritten, und werden Goldbarren zur Münzstätte gebracht oder die Münze eingeschmolzen oder exportiert?

2. Definieren Sie das gesetzliche Zahlungsmittel für Geld. Was versteht man unter Fiat-Geld?

3. Ist ein US-Standard-Silberdollar eine Ware oder ein Treuhandgeld? Was bestimmt seinen Wert? Welche Bedeutung hat die Qualität als gesetzliches Zahlungsmittel?

4. Ist die gesetzliche Bestimmung, wonach die Teilsilbermünzen der Vereinigten Staaten einen geringeren Silbergehalt aufweisen als der Standard-Silberdollar, heute notwendig? Ist es nützlich? Nenne mir deine Gründe.

5. Unter welchen Bedingungen wird es „schlechtes Geld" nicht schaffen, „gutes Geld" aus dem Umlauf zu verdrängen?

6. Unter welchen Umständen wird Geld, das tatsächlich nicht in anderes Geld umgewandelt werden kann, einen größeren Wert haben als das Material, aus dem es besteht (das erstgenannte Geld)? Nennen Sie ein Beispiel aus der Währungserfahrung der Vereinigten Staaten.

7. In einem Land, in dem bisher Gold kostenlos und unentgeltlich geprägt wurde, erhebt die Regierung eine Seigniorage-Gebühr von fünf Prozent. indem die Menge an Gold, die in jede Münze gesteckt wird, entsprechend reduziert wird; Das von der Regierung einbehaltene Gold ist nicht geprägt. Welche Auswirkung wird diese Seigniorage- Gebühr auf (a) die Preise in diesem Land, (b) den Vergleichswert des Goldes in einer neuen Münze und das gleiche Gewicht von ungemünztem Gold haben? Machen Sie Ihre Argumentation klar.

8. Wenn der gesamte Geldumlauf einer Nation, der aus 1.000.000 Münzen besteht, die alle um eine Seigniorage-Gebühr von 50 Prozent entwertet sind, sofort dadurch erhöht wird, dass die Regierung 300.000 Stücke nicht konvertierbaren Papiergeldes in Umlauf bringt, jedes Stück von demselben Nennwert Welche Auswirkungen sind auf der Grundlage des Gresham-Gesetzes oder auf andere Weise für jede einzelne Münze zu erwarten, wenn man davon ausgeht, dass die gesamte Menge an Münzen mit vollem Gewicht, die für die Abwicklung des nationalen Umtauschs erforderlich ist, nur 900.000 beträgt? Nenne mir deine Gründe.

9. Auf einer bestimmten Insel gibt es keine Silberminen und keinen Außenhandel. Der gesamte Umtausch erfolgt durch die tatsächliche Verwendung von Silbermünzen, deren Münzprägung kostenlos und unentgeltlich ist. Es gibt keine Banken und greift weder auf Tauschgeschäfte noch auf Kredite zurück. Silber wird auf der Insel auch in Form von Tellern verwendet. Ursprünglich waren 100.000 Silbermünzen im Umlauf, von denen jede eine Unze reines Silber enthielt. Nach einem bestimmten Datum, als diese Münzen zur Steuerabgabe in die Staatskasse eingezahlt wurden, wurden die Ein-Unzen-Münzen zu einem Satz von 5.000 Ein-Unzen-Münzen pro Woche eingeschmolzen und der resultierende Goldbarren neu gegossen, wobei jede neue Münze 2 Unzen wog tragen den gleichen Namen wie die ursprünglichen Ein-Unzen-Münzen. Danach enthielten alle Münzen, die in der Münzanstalt der Insel geprägt wurden, zwei Unzen Silber, und die Münzprägung wurde zu diesem Standard weiterhin kostenlos und unentgeltlich fortgesetzt. Werden die neuen 2-Unzen-Münzen bei der ersten Auszahlung durch die Regierung zusammen mit den alten 1-Unzen-Münzen im Umlauf bleiben und die gleiche Kaufkraft haben? Gib Gründe.

10. Wenn der oben beschriebene Prozess der Umprägung von 5.000 1-Unzen-Münzen pro Woche zwölf Wochen lang andauert und dann stoppt, wie viele alte und wie viele neue Münzen werden am Ende der zwölften Woche im Umlauf sein? Gründe dafür.

11. Da die Regierung der Insel Guernsey kein Geld hatte, gab sie Papierscheine aus, um den Bau eines Marktes zu finanzieren. Sie zirkulierten und wurden zehn Jahre lang nach und nach aufgegriffen, je nachdem der

Markt seinen Preis verdiente. Als sie alle erlöst und verbrannt waren, hatte die Insel den Markt kostenlos. Erklären Sie, wie dies geschehen könnte. (Aus Sumners Probleme der politischen Ökonomie.)

12. Angenommen, eine Nation verfügt als einziges Umlaufmedium über 1.000.000.000 Goldmünzen mit einem Gewicht von jeweils einer Unze (Troja). Angenommen, die Regierung erlässt, dass von nun an Münzen ausgegeben werden, die nur noch 99 Prozent enthalten. so viel reines Gold wie bisher, wobei die Regierung ein Prozent einnimmt. für den eigenen Gebrauch.

Angenommen, „andere Dinge bleiben gleich." Welche Auswirkung wird diese Aktion auf die Anzahl der im Umlauf befindlichen Münzen haben?

Werden die Preise beeinflusst?

Nehmen wir nun an, dass die Geldnachfrage steigt. Werden Goldbarrenbesitzer ihre Goldbarren zur Münzprägung mitbringen?

Angenommen, diese Regierung hätte weiterhin Münzen mit dem gleichen Gewicht und der gleichen Feinheit wie zuvor ausgegeben, aber ein Prozent zurückbehalten. des Goldbarrens, das zur eigenen Verwendung in die Münzstätte gebracht wurde. Beantworten Sie diese drei Fragen im Lichte dieser Annahme.

13. Tabellieren Sie die Indexzahlen, den Greenback-Preis des Golddollars und den Goldpreis des Greenback-Dollars von 1861 bis 1879.

14. Zeigen Sie den Unterschied zwischen konvertierbarem und nicht konvertierbarem Geld.

15. Vergleichen Sie die Position der Warengeldtheoretiker mit der der Fiatgeldtheoretiker.

16. In einem Land mit Goldstandard, dessen Geldumlauf zur Hälfte aus Silberdollar (die unbegrenzt gesetzliches Zahlungsmittel sind) und aus Silberzertifikaten besteht, die auf Verlangen in Silberdollar zahlbar sind (und Dollar für Dollar durch Silberdollar in Reserve unterstützt werden), und deren Münzstätten für die kostenlose Münzprägung von Silber gesperrt sind, wie würde sich der Geldwert der Silberdollars und Silberzertifikate auswirken, wenn der Goldpreis von Silber um (1) 10 Prozent fallen würde? (2) 50 Prozent? (3) 5 Prozent.? Wie würde es sich auswirken, wenn der Goldwert um 10 Prozent fallen würde? (Freie Goldprägung wird vorausgesetzt). Erläutern Sie die Grundsätze Ihrer Antwort.

KAPITEL 6
DER STANDARD FÜR AUFZUGSZAHLUNGEN

VERWEISE.

Fisher, Irving , Wertschätzung und Interesse. AE Assn. Pubs., 11: 331-442. 1896.

Fisher, Irving , Ein Heilmittel gegen die steigenden Lebenshaltungskosten – die Standardisierung des Dollars. AE Rev., 3 (Nr. 1, Supp.): 20-28. 1913. Diskussion am runden Tisch zu oben, 29-51.

Fisher, Irving , Einwände gegen einen entschädigten Dollar beantwortet. AE Rev., 4: 818-839. 1914.

* *Jevons* , Kap. XXV.

* *Johnson* , Kap . XI, XII, XVII.

Kinley, David , Einwände gegen einen auf Indexzahlen basierenden Währungsstandard. AE Rev., 3: 1-19. 1913.

* *Materialien* , 787, 788 (Auszug aus *Brown, HG*), 788, 789 (Auszug aus *Clark, WE* , in „How to invest when Prices are raise." 1912).

Noyes, AD , Vierzig Jahre amerikanisches Finanzwesen. 1909. Kap . I-III.

Patterson, EM , Einwände gegen einen kompensierten Dollar. AE Rev., 3: 863-874. 1913.

* *Phillips* , Kap . VI, VII, XIII.

Taussig, FW , Der Plan für einen kompensierten Dollar. QJE, 27: 401-416. 1912-1913.

United States Bureau of Labor Statistics , Bul. 173. 1915.

Walker , Kap . III, VI, VII.

FRAGEN.

1. In welchem Jahr zwischen 1890 und heute wäre ein Festgehalt von 1.000 US-Dollar am weitesten verbreitet gewesen? In welchem Jahr wäre seine Kaufkraft am geringsten gewesen? Wenn ein im Jahr 1897 geliehener Betrag von 1.000 US-Dollar im Jahr 1902 zurückgegeben wurde, wie groß war dann der Unterschied in der Kaufkraft bei der Rückgabe und bei der Kreditaufnahme?

2. Kann man mit der Tagesarbeit eines einfachen Arbeiters heute mehr kaufen als vor einem halben Jahrhundert? Warum?

3. Die Indexzahl des Bureau of Labor für 1912 war 133. Wie hoch war die prozentuale Veränderung des Geldwerts von der Basisperiode bis 1912? Nennen Sie Ihre Gründe und Ihre Arbeit.

4.

	Durchschnittspreise für die Jahre 1860-65.	*Preise für 1900.*
Kaffee, Pfund.	0,12 $	0,18 $
Kohle, Tonne	3,00	3,60
Zucker, Pfund.	.08	.06
Wolle, Pfund.	.30	.20
Weizen, bu.	.80	.90

Schätzen Sie auf der Grundlage der Preise der oben genannten Waren das allgemeine Preisniveau für 1900 und geben Sie den Prozentsatz seines Rückgangs oder Anstiegs gegenüber dem Grundpreisniveau an. Nennen Sie einige der Ursachen, die zu diesem Rückgang oder Anstieg geführt haben könnten.

5. Zu einem bestimmten Zeitpunkt herrschten die folgenden Rohstoffpreise: Baumwolle (roh), 0,10 $ pro Pfund; Weizen, 1,00 $ pro Bu.; Zucker, 0,07 $ pro Pfund; Kartoffeln, 1,00 $ pro Stück; Rindfleisch (zum Braten), 0,25 $ pro Pfund; Schuhe, 5,00 $ pro Paar; Baumwollstoff einer Standardqualität, 0,12 $ pro Yard; Wollstoff einer Standardqualität, 1,25 $ pro Yard; Herrenhüte 4,00 $ und Kohle 7,00 $ pro Tonne.

Zu einem späteren Zeitpunkt waren die Preise für dieselben Waren wie folgt: 0,13 $, 1,05 $, 0,06 $, 1,10 $, 0,30 $, 5,75 $, 0,15 $, 1,20 $, 4,50 $ und 6,50 $.

Stellen Sie diese Fakten tabellarisch dar und berechnen Sie Indexzahlen, die Folgendes zeigen:

(1) Änderungen im Preisniveau aller zehn Waren.

(2) Änderungen im Preisniveau der Lebensmittel.

(3) Änderungen im Preisniveau der Kleidungsstücke.

6. Bieten die Daten in der vorangehenden Übung genügend Anhaltspunkte dafür, dass die Lebenshaltungskosten entweder gestiegen oder gesunken sind?

Wenn man davon ausgeht, dass die Antwort positiv ist, wie hat sich der Wert des Geldes verändert?

7. Ordnen Sie jeder der oben aufgeführten Waren ein „Gewicht" zu, das Ihrer Meinung nach ihre Bedeutung als beliebtes Konsumgut darstellt. Mit diesem Gewichtungssystem berechnen Sie Indexzahlen, um Änderungen im Preisniveau derselben Warengruppen anzuzeigen. Wie wirkt sich die Gewichtung auf Ihre ersten Rückschlüsse auf die Entwicklung der Lebenshaltungskosten aus? Welche Bedeutung hat ein Gewichtungssystem?

8. Wenn sich die jährliche Goldproduktion der Welt plötzlich verfünffachen würde, was wäre die wahrscheinliche Auswirkung: auf das Wohlergehen eines Börsenspekulanten im Vergleich zum Wohlergehen eines Lehrers; auf das Wohlergehen der Gläubigerklasse im Vergleich zu dem der Schuldnerklasse; auf die Preise?

9. Welche Funktion hat der Standard des Zahlungsaufschubs? Was ist dieser Standard jetzt in Amerika? Welche Veränderungen hat es in letzter Zeit gegeben? Wie wirkt sich das auf die Einkommen verschiedener Schichten aus?

10. Welche Merkmale sollte eine Standardwerteinheit haben?

11. Können Sie eine Art Geld bekommen, das die verkauften Dinge teurer und die gekauften Dinge billiger macht?

12. Ist die Tatsache, dass der eine Gewinn und der andere Verlust zufällig hat, von wirtschaftlicher oder politischer Bedeutung?

13. Wenn sich jedes Stück Geld in einer Nacht auf wundersame Weise verdoppeln würde, wessen Interessen wären dann betroffen?

14. Vergleichen Sie die Auswirkung einer steigenden Goldproduktion auf den Preis ausstehender Anleihen mit ihrer Auswirkung auf den Preis bereits ausgegebener Stammaktien.

15. X ist ein isoliertes Industrieland mit einem bestimmten Geldvolumen. Seine Regierung verdoppelt an einem bestimmten Tag den Geldbetrag. Welche Auswirkung wird es auf den Zinssatz haben?

(a) von langfristigen Darlehen,

(b) von kurzfristigen Darlehen und

(c) von Bedarfsdarlehen?

16. Der Zinssatz für langfristige Investitionen in einer bestimmten isolierten Gemeinde betrug sechs Prozent. Der Geldbetrag in dieser Gemeinschaft wird erhöht, um das allgemeine Preisniveau um 100 Prozent zu erhöhen. Angenommen, die Geldvermehrung sei ausschließlich auf die reichlichere Produktion von Geldmetall aus den Minen zurückzuführen, inwieweit wird sich dieser Anstieg des allgemeinen Preisniveaus auf den Zinssatz auswirken, wenn danach Kapital für längere Zeiträume geliehen wird?

17. Konnte eine Eisenbahn in den Vereinigten Staaten im Jahr 1916 vorteilhafterweise eine große Emission von 20-jährigen Anleihen auflegen? Begründe deine Antwort. Zeigen Sie deutlich, was Sie mit „vorteilhaft" meinen. Wäre eine Eisenbahngesellschaft bereit, ein solches Problem auf den Weg zu bringen, wenn sie könnte? Warum?

18. Gibt es irgendetwas in der Natur des Bergbaus, das das Verhältnis des Angebots an Gold und Silber nahezu gleichmäßig hält?

19. Manche sagen, die Vorsehung habe Gold und Silber als Geldmaterialien angegeben. Wie wurde das gemacht?

20. Welche Hauptgründe werden für das Verhältnis von 16 zu 1 genannt?

21. Hat das Prinzip der Gütersubstitution einen Einfluss auf den Wert von Metallen im Bimetallismus?

22. Welche Geldtheorie vertreten Bimetallisten?

23. „Da Gold (vor 1848) auf dem Weltmarkt im Vergleich zu Silber wertvoller war als in der französischen Münzstätte, war es unmöglich, dass Gold in Frankreich zirkulieren sollte." Ist das eine notwendige Schlussfolgerung?

24. Welche Argumente, die 1896 für den Bimetallismus vorgebracht wurden, sind heute nicht mehr anwendbar?

25. Wie groß ist der Einfluss, den eine Nation auf das Verhältnis der beiden Edelmetalle haben kann?

26. Wie würde sich die heutige Einführung des internationalen Bimetallismus im Verhältnis 32 zu 1 (a) auf das Umlaufmedium und (b) auf den Wertstandard in verschiedenen Ländern auswirken? Berücksichtigen Sie sowohl die unmittelbaren als auch die möglichen Ergebnisse.

27. Was wäre passiert, wenn 1900 in den Vereinigten Staaten ein Gesetz über freies Silber erlassen worden wäre?

28. Würde ein idealer Währungsstandard immer die gleiche Menge an Gütern messen?

29. A schuldet B eine langfristige Schuld, die kurz vor Beginn einer Wirtschaftskrise fällig wird; Wäre es zum Vorteil oder Nachteil von A, wenn der Vertrag eine Zahlung in Form einer tabellarischen Norm vorsähe?

30. Warum hat sich der tabellarische Standard für aufgeschobene Zahlungen nicht allgemein durchgesetzt? Ist die tabellarische Norm grundsätzlich sinnvoll oder nicht sinnvoll? Würde Ihre Antwort auf die Arbeitsnorm zutreffen?

KAPITEL 7
DIE FUNKTIONEN DER BANKEN

VERWEISE.

Cleveland, FA, Fonds und ihre Verwendung. 1902.

Conant, CA, Geschichte moderner Emissionsbanken. 5. Auflage, 1915.

Dunbar, CF, Theorie und Geschichte des Bankwesens. 2. Auflage, 1901.

Fisk, AK, Die moderne Bank. 1903.

Holdsworth, JT, Geld und Bankwesen. 1914.

Kinley, David, Die Artenreserve in einem Bankensystem. JPE, 20: 12-24. 1912.

* *Phillips*, Kap. IX, X.

Scott, WA, Geld und Bankwesen. 1903.

Veblen, T., Theorie des Unternehmens. 1904.

* *Weiß*, schwarz. III, Kap. I-III.

FRAGEN.

1. Was tut eine Bank für eine Gemeinschaft?

2. Welche Aufgaben übernimmt eine Bank?

3. Welche Einnahmequellen hat eine Bank?

4. Erläutern Sie die wichtigsten Entstehungswege der Einlagen von Geschäftsbanken ; und geben Sie an, welcher dieser Wege den größten Betrag an Nachfrageverbindlichkeiten der Banken erzeugt.

5. Gibt jede Bank Banknoten aus? Warum?

6. Welchen Vorteil hat eine Bank durch das Recht, Banknoten auszugeben?

7. Wie unterscheidet sich die Ausgabe von Banknoten von der Kreditvergabe an Einleger?

8. Kann es sich eine Bank, die ihre eigenen Schuldverschreibungen ausgibt, leisten, günstigere Kredite zu vergeben als der normale Kapitalist?

9. Zwei Männer A und B haben Banknoten über je 1.000 $ mit einem Diskont bei derselben Bank. A wird in den Büchern der Bank mit dem Recht gutgeschrieben, 950 $ abzuheben. B erhält 950 $ in Umlaufscheinen dieser Bank. Werden die Verbindlichkeiten der Bank durch die beiden

Transaktionen genau in gleichem Maße erhöht? Reduziert jede Transaktion sofort die Barreserve der Bank?

10. Die folgenden Punkte sind in einem Bericht einer Nationalbank enthalten: Stammkapital: 50.000 US-Dollar; Kassenbestand und Bankguthaben: 77.066,21 $; Auflage: 49.400 $; Zahlbare Rechnungen: 10.000 $; US- und andere Anleihen: 239.050 US-Dollar; Einlagen: 465.417,41 $; Überschuss und ungeteilter Nettogewinn: 30.952,58 USD; Kredite und Investitionen: 289.653,78 $.

(a) Trennen und ordnen Sie diese Posten gemäß einem regulären Kontoauszug und beweisen Sie Ihre Antwort.

(b) Zeigen Sie, wie diese Elemente die wesentlichen Funktionen einer Bank veranschaulichen, und erläutern Sie im Detail die Natur dieser Funktionen.

11. Sortieren Sie aus den folgenden Elementen die Ressourcen und Verbindlichkeiten und zeigen Sie die Gleichheit der Gesamtressourcen und Gesamtverbindlichkeiten:

Nicht ausgezahlte Dividenden	782,00 $
Reserviert für die Zahlung fälliger Steuern	10.000,00
Ungeteilter Gewinn	85.228,57
Stammkapital	500.000,00
Überschussfonds	250.000,00
Bargeldposten (Schecks, die zur Begleichung beim Wechsel am nächsten Tag vorgelegt werden müssen)	280.347,43
Darlehen und Rabatte	2.782.713,15
US-amerikanische Banknoten als gesetzliches Zahlungsmittel und Banknoten von Nationalbanken	435.296,00
Art	278.304,48
Einlagen	4.057.934,61
Überziehungskredite (über die Einlagen hinausgezahlte Schecks)	2.842,10
Forderungen gegenüber Banken und Bankiers	370.142,02
Immobilie	43.900,00
Hypothekenbesitz	1.000,00

Fesseln	709.400,00

12. Klassifizieren Sie die folgenden Posten als Ressourcen oder Verbindlichkeiten einer Nationalbank und begründen Sie Ihre Klassifizierung des 1., 4., 6. und 7. Postens: (1) Grundkapital: 50.000 US-Dollar; (2) Immobilien, Möbel, Einrichtungsgegenstände usw.: 15.046,14 USD; (3) Bargeld: 69.343,34 USD; (4) Überschuss und ungeteilter Nettogewinn: 19.257,43 USD; (5) US-Anleihen, 108.951,50 $; (6) Darlehen und Rabatte: 242.546,36 $; (7) Einlagen: 301.679,91 $; (8) Umlauf (dh ausstehende Banknoten): 64.950 $.

Beweisen Sie die Richtigkeit Ihrer Einstufung durch einen Kontoausgleich. Zeigen Sie dann die Änderungen an, die durch die folgende Transaktion auf dem Konto vorgenommen wurden: Die Bank leiht 25.000,00 $ für 90 Tage zu 6 Prozent. Zinsen, und der Kreditnehmer hebt die Hälfte des Betrags ab, der ihm nach ordnungsgemäßem Abzug der Zinsen durch die Bank gutgeschrieben wird.

13. Die Wochendurchschnitte der New Yorker Banken für die dritte Woche im Mai vergleichen sich in den Jahren 1905 und 1904 wie folgt:

	1905.	1904.
Kredite	1.120.426.800 $	1.056.553.500 $
Einlagen	1.165.151.700	1.100.586.100
Verkehr	45.308.300	36.480.400
Art	215.174.200	210.002.800
Gesetzliche Zahlungsmittel	84.333.700	78.143.000

Erklären Sie, warum Kredite und Einlagen in der obigen Tabelle von 1904 bis 1905 praktisch den gleichen Anstieg aufweisen.

14. Wie würde sich die Bilanz einer Geschäftsbank, die eine gewöhnliche Banknotenwährung ausgibt, nach den folgenden Vorgängen darstellen?

Die Bank eröffnet ihr Geschäft mit einem eingezahlten Kapital von 2.000.000 US-Dollar und einem Überschuss von 400.000 US-Dollar. Es gibt 50.000 US-Dollar in eigenen Banknoten für Möbel und Einrichtungsgegenstände aus. Der Rabatt beträgt sechs Prozent. für verschiedene Kunden 4.000.000 US-Dollar an 60-Tage-Schuldverschreibungen und Wechselforderungen, wobei die Kreditnehmer ein Viertel des Erlöses in bar und ein Viertel in den eigenen Banknoten der

Bank entgegennehmen und den Restbetrag als Depot hinterlegen. Kunden lösen auf ihren Konten Schecks über 600.000 US-Dollar ein und erhalten zwei Drittel des Betrags in bankeigenen Banknoten und das andere Drittel in Münzen und anderen Arten von „gesetzlichem Geld". Andere Kunden tätigen Einlagen in Höhe von 900.000 US-Dollar, davon ein Drittel in „gesetzlichem Geld", ein Drittel in eigenen Banknoten der Bank und ein Drittel in Schecks anderer Einleger derselben Bank. Die Bank kauft Eisenbahnanleihen zum Nennwert von 1.200.000 US-Dollar und bezahlt sie mit ihren eigenen Banknoten. Sie bezahlt mit ihren eigenen Banknoten Ausgaben für Löhne, Schreibwaren und Steuern in Höhe von 10.000 US-Dollar. (b) Wie viel Prozent der Reserve verfügt es am Ende dieser Operationen?

15. Kontoauszug einer Nationalbank.

VERBINDLICHKEITEN		RESSOURCEN	
	Tausend $		Tausend $
Hauptstadt,	464.	Darlehen und Rabatte,	708.
Überschuss,	203.	Überziehungen,	.1
Ungeteilter Gewinn,	53.	Umlaufsicherungsanleihen (Nennwert)	450.
Verkehr,	404.	Sonstige Aktien und Anleihen,	163.
Einlagen,	419.	Von Reserveagenten geschuldet,	105.
Fällige Banken,	29.	Forderungen gegenüber Banken,	21.
		Bankhaus,	32.
		Laufende Ausgaben und Steuern,	3.
		Schecks und Bargeld,	4.
		Tausch gegen Clear. Haus,	11.
		Schuldverschreibungen anderer Banken,	15.
		Gold,	30.

		Silber,	.9
		Gesetzliche Zahlungsmittel,	9.
		Rücknahmefonds in UST	20.
	1.572.		1.572.

Was können Sie aus dieser Aussage über die Art von Geschäft lernen, das die Bank betreibt, und über ihre Fähigkeit, einem finanziellen Sturm standzuhalten?

16. Wie würde die Bilanz einer Geschäftsbank nach den folgenden Transaktionen aussehen? Die Bank beginnt ihre Geschäftstätigkeit mit einem eingezahlten Kapital von 300.000 US-Dollar und einem Überschuss von 60.000 US-Dollar. Für Kunden werden 600.000 US-Dollar an viermonatigen Schuldverschreibungen und Wechselforderungen mit einem Zinssatz von 6 Prozent abgezinst, wobei die Kreditnehmer ein Drittel des Erlöses in bar (also gesetzliches Geld) nehmen und zwei Drittel als Einlage belassen. Kunden zahlen 200.000 US-Dollar ein, davon die Hälfte in bar, ein Viertel in Schecks dieser Bank und ein Viertel in Schecks anderer Banken.

17. Nehmen wir an, dass sich diese Bank nun in eine Nationalbank umstrukturiert und, um sich das Privileg der Notenausgabe zu sichern, 2 Prozent der Vereinigten Staaten kauft. Anleihen mit einem Nennwert von 90.000 US-Dollar zu 102 US-Dollar. Diese Anleihen hinterlegt es beim Schatzmeister der Vereinigten Staaten und erhält den vollen Betrag an nationalen Banknoten, auf den es Anspruch hat. Einleger ziehen per Scheck 180.000 US-Dollar ab, die Bank gibt ihnen 45.000 US-Dollar in ihren Banknoten und den Restbetrag in legalem Geld. Eine Dividende von 2 Prozent. wird deklariert und zur Hälfte in gesetzlichem Geld und zur Hälfte in Form von Einlagen ausgezahlt. Präsentieren Sie die Bilanz.

KAPITEL 8
BANKING IN DEN VEREINIGTEN STAATEN VOR 1914

VERWEISE.

Hollander, JH , Wertpapierbestände der Nationalbanken. AE Rev., 3: 793-814. 1913.

Kemmerer, EW , Bankenreform in den Vereinigten Staaten. AE Rev., 3 (Nr. 1, Supp.): 52-63. 1913. Diskussion am runden Tisch zu oben, 64-88.

Kemmerer, EW , Saisonale Schwankungen auf dem New Yorker Geldmarkt. AE Rev., 1: 33-49. 1911.

Nationale Währungskommission , Bericht. 1912. In Sen. Doc. 243, 62d Cong., 2d Sess.

Phillips , Kap. XXX.

* *Quellenbuch* , 324-336 (Auszug aus dem Bericht der National Monetary Commission), 314-323 (Auszug aus dem Bericht des Währungsprüfers von 1910).

Sprague, OMW , Vorschläge zur Stärkung des nationalen Bankensystems. QJE, 24: 201-242, 634-659; 25: 67-95. 1909-1911.

Währungsprüfer der Vereinigten Staaten , Jahresberichte.

* *Weiß*, schwarz. III, Kap . IV, XV, XVII, XX, XXI und Anhänge A und B.

Willis, HP , Die Bankenfrage im Kongress. JPE, 20: 869-885. 1912.

FRAGEN.

1. Erklären Sie die Methode der Nationalbanken bei der Ausgabe von Banknoten. Warum war es für die Banken oft rentabler, ihr Geld anders zu verwenden als durch die Ausgabe von Banknoten? Ref.: Diskussion in verschiedenen Berichten des Comptroller of the Currency.

2. Abschnitt 28 des Nationalbankgesetzes vom 3. Juni 1864 sieht vor, dass ein nationaler Bankenverband Immobilien halten kann, die „zu seiner unmittelbaren Befriedigung bei der Abwicklung seiner Geschäftstätigkeit erforderlich sind", sowie alle anderen Immobilien und Hypotheken, die ihm zur Verfügung stehen die sie zur Besicherung zuvor eingegangener Schulden übernommen haben , sieht vor, dass „solche Verbände (Nationalbanken) in keinem anderen Fall oder zu irgendeinem anderen Zweck Immobilien erwerben oder halten dürfen ..."

(a) Was ist der Grund für die obige Bestimmung?

(b) Wäre es sinnvoll, ein ähnliches Verbot für Sparkassen zu erlassen?

3. Beschreiben Sie die Clearingstelle und definieren Sie ihre wirtschaftlichen Vorteile.

4. Wenn es in einer Stadt zwanzig Banken und keine Clearingstelle gibt, wie viele Einzüge müssten dann alle Banken täglich vornehmen, vorausgesetzt, dass die Einleger jeder Bank jeden Tag Schecks über die anderen neunzehn Banken erhalten?

5. Ermöglicht eine Clearingstelle den ihr angeschlossenen Banken, mit einer geringeren Barreserve auszukommen?

KAPITEL 9
DAS FEDERAL RESERVE ACT

VERWEISE.

Conway, Thomas, Jr. , Die Finanzpolitik der Federal Reserve Banks. JPE, 22: 319-331. 1914.

Federal Reserve Board , The Federal Reserve Bulletin. Monatlich.

* *Phillips* , Kap. XXXI.

Scott, WA , Bankreserven gemäß dem Federal Reserve Act. JPE, 22: 332-344. 1914.

Weiß , schwarz. III, Kap. XXII und Anhänge D und E.

Willis, HP , Das Federal Reserve Act. AE Rev., 4: 1-24. 1914.

FRAGEN.

1. Nennen Sie die verschiedenen Arten von Banken in den Vereinigten Staaten und stellen Sie sie gegenüber.

2. Wie werden Banknoten nach dem Federal Reserve Act ausgegeben?

3. Wenn an einem bestimmten Datum die Überschussreserve (d. h. die Reserve, die über die gesetzlich vorgeschriebene Mindestreserve für Einlagen hinausgeht) der New York Associated Banks 11.000.000 US-Dollar beträgt und die Einlagen am selben Tag 1.164.000.000 US-Dollar, wie hoch ist die gesamte Barreserve, die die Banken an diesem Datum hielten? Was wäre es 1912 gewesen?

4. In der „New York Times" vom 8. Dezember 1916 hieß es:

„Die Rediskontierung von Commercial Papers bei der Federal Reserve Bank of New York durch einige der größten Banken der Stadt am Mittwoch hatte gestern den Effekt, dass sich die allgemeinen Geldmarktbedingungen verbesserten. Kündigungsdarlehen, die am Montag zu 15 Prozent gewährt wurden, und ebenso hoch Die Zinssätze betrugen am Dienstag 10 Prozent und erreichten am Mittwoch sieben Prozent, wurden gestern mit drei bis fünf Prozent platziert. Die meisten Kredite wurden zu viereinhalb Prozent, dem Erneuerungssatz und dem Schlusskurs vergeben Die Notierung betrug drei Prozent. Die Zeitgeldsätze waren einfacher.

Erklären Sie den hier erwähnten Vorgang des Rediskontierens. Inwiefern haben die Rediskontgeschäfte den Tagesgeldmarkt entlastet? Sind Sie der Ansicht, dass diese Nutzung der vom Federal Reserve System bereitgestellten Rediskontfazilitäten im Einklang mit soliden Bankgrundsätzen stand? War es die bestmögliche Nutzung des Rediskontmechanismus? Vorschläge finden Sie in der „New York Times" vom 5. Dezember 1916 unter der Überschrift „Financial Markets".

KAPITEL 10
KRISEN UND INDUSTRIELLE DEPRESSIONEN

VERWEISE.

Dewey, DR , Finanzgeschichte der Vereinigten Staaten, 4. Auflage, 1912. Kap. X.

England, Minnie T. , Förderung als Ursache von Krisen. QJE, 29: 748-767. 1914-1915.

* *Hamilton* , Readings, 91-93, 93-95, 95-98.

Hobson, JA , Entwicklung des modernen Kapitalismus. Hrsg., 1912. Kap. 7.

Jones, ED , Wirtschaftskrisen. 1900.

Juglar, C. und *Thom, CW* , Eine kurze Geschichte von Paniken und ihrem periodischen Wiederauftreten in den Vereinigten Staaten. Hrsg., 1916.

* *Materialien* , 391-396.

Mitchell, WC , Konjunkturzyklen. 1913.

Moore, HL , Wirtschaftszyklen: ihr Gesetz und ihre Ursache. 1914.

Nelson, SA , Das ABC der Wall Street. 1900.

Patterson, EM : Die Theorien zur Erklärung von Wirtschaftskrisen. AAA, 59: 133-147. 1915.

* *Phillips* , Kap . XXVIII, XXIX.

* *Quellenbuch* , 138-156.

Sprague, OMW , Die Krise von 1914 in den Vereinigten Staaten. AE Rev., 5: 499-533. 1915.

United States Bureau of Labor , Jahresbericht für 1886.

FRAGEN.

1. Was ist eine Finanzkrise? Eine industrielle Depression?

2. Beschreiben Sie die Handels-, Bank- und Preisbedingungen, die unmittelbar vor, während und unmittelbar nach einer Krise herrschen.

3. Machen Sie klare Angaben und erklären Sie die Entwicklung der Preise für Aktien, Anleihen, Hypotheken, Grundstücke, Rohstoffe im Allgemeinen, Löhne und Zinssätze für lang- und kurzfristige Kredite vor, während und nach einer Krise.

4. Erfassen Sie für eine Reihe von Jahren, die Perioden des Wohlstands und der Depression abdecken, die Preise von Aktien, Anleihen, Immobilien und einigen Rohstoffen.

5. Welche wirtschaftlichen Veränderungen fanden in Ihrer eigenen Gemeinde während der Panik von 1893–94, in den Jahren 1903–04 oder 1907–08 statt?

6. Ist es möglich, dass die Menge aller produzierten Güter die Konsumkraft der Gemeinschaft übersteigt?

7. „Da der durchschnittliche Amerikaner weit mehr produzieren kann, als er verbrauchen kann, wurde wiederholt bewiesen, dass Überproduktion mit Sicherheit eine natürliche Folge jeder längeren Produktion ist, solange der Verkauf seiner Produkte auf die heimischen Märkte beschränkt bleibt." Ein halbes Jahrhundert lang kam es daher mit regelmäßig wiederkehrenden Perioden der Überproduktion zu jenen unvermeidlichen Handelskrisen, die die Notwendigkeit ausländischer Märkte immer stärker betonten. (Diese Passage stammt aus einem Nachdruck einer Rede eines Kongressabgeordneten.)

Kritisieren Sie die in der obigen Stellungnahme zum Ausdruck gebrachte Ansicht über die Ursache von Wirtschaftskrisen.

8. Wird eine Krise durch zu viel oder zu wenig Geld oder durch einen anderen Einfluss verursacht?

9. Wenn es doppelt so viel Geld auf der Welt gäbe, würde es dann zu Panik kommen?

10. Gibt es in einer Zeit der Depression weniger Geld als sonst im Land? In den Banken?

11. Auf welche Weise und in welchem Ausmaß können die Handelsbedingungen beeinträchtigt werden durch:

Das zunehmende Goldangebot?

Die Vertrauensbewegung?

Zunehmende Armeen und Marinen?

Die landwirtschaftliche Situation?

12. Erklären Sie den Unterschied im Motiv des Kreditnehmers in normalen Zeiten und in Zeiten der Panik.

13. Wie wirkt es sich auf Kredite aus, wenn die in England, Deutschland und den Vereinigten Staaten gesetzlich oder gewohnheitsmäßig festgelegte Mindestreservegrenze erreicht wird?

14. Was ist Ihrer Meinung nach die richtige Erklärung für Krisen?

15. Inwiefern wird das Geschäft durch den Zustand der Pflanzen beeinflusst? Innerhalb welcher Grenzen? Bei welchen Kulturpflanzen ist der Zusammenhang am engsten?

16. Welchen Sicherheitsfaktor bieten Clearingstellen bei Panikattacken?

17. Beschreiben Sie die Methode, mit der die Banken die Forderungen der Einleger während der Paniken von 1893 und 1907 erfüllten. (Dunbar ist besonders wertvoll. Auch OMW Sprague, History of Crisis Under the National Banking System, veröffentlicht von Nat. Monetary Com.)

KAPITEL 11
SPAREN- UND INVESTITIONSINSTITUTIONEN

VERWEISE.

Chamberlain, Laurence, Grundsätze der Anleiheninvestition. 4. Auflage, 1913.
Die Arbeit des Anleihehauses. 1913.
Devine, HC, Volksgenossenschaftsbanken für Arbeiter in Städten und Kleinbauern, Kleinbauern und andere in ländlichen Bezirken. 1908.
Dexter, Seymour, Eine Abhandlung über genossenschaftliche Spar- und Kreditgenossenschaften. Hrsg., 1894.
Fisher, Irving, *Kemmerer, EW*, *Brown, HG* und andere: Wie man investiert, wenn die Preise steigen. 1912.
Günther, Louis, Investition und Spekulation. 1916. (La Salle Uni.)
Hamilton, JH, Sparen und Sparinstitute. 1902.
Johnson, AS, Einflüsse, die die Entwicklung der Sparsamkeit beeinflussen. PSQ, 22: 224-244. 1907.
Kemmerer, EW, The United States Postal Savings Bank. PSQ, 26: 462-499. 1911.
Kniffin, *WH*, Die Sparkasse und ihre praktische Arbeit. 1912.
* *Phillips*, Kap. XVI.
Wolff, HW, Ein Handbuch der Genossenschaftsbanken. 1909.
Genossenschaftsbanken. 1907.
Volksbanken. 3. Auflage, 1910.

FRAGEN.

1. Welchen Zweck haben Rechtsvorschriften zur Beschränkung der Kapitalanlagen von Sparkassen?

2. Welche Einschränkungen gibt es in diesem Bundesstaat? In Ihrem eigenen Bundesland? In den Staaten, die auf diesem Gebiet als die am weitesten entwickelten Gesetze gelten?

3. Ist die Gesetzgebung in diesem Bereich als Subventionierung bestimmter Arten privater Unternehmen anzusehen? Wenn ja, ist es gesellschaftlich vertretbar?

KAPITEL 12
VERSICHERUNGSGRUNDSÄTZE

VERWEISE.

Gephart, *WF*, Grundsätze der Versicherung. 1913.

Gephart, *WF*, Versicherungen und der Staat. 1913.

Hübner, SS, Lebensversicherung. 1915.

Hübner, SS, Sachversicherung. 1913.

Statistische Zusammenfassung der Vereinigten Staaten.

Valgren, *VN*, Feuerversicherung für Landwirte auf Gegenseitigkeit in Minnesota. QJE, 25: 387-396. 1910-1911.

Willet, AH, Ökonomische Risiko- und Versicherungstheorie. 1901.

Zartman, *LW* (Hrsg.), Feuerversicherung. Hrsg., 1915.

Zartman, *LW* (Hrsg.), Lebensversicherung. Hrsg., 1915.

FRAGEN.

1. Welche Bedingungen gelten für eine wirtschaftlich sinnvolle Versicherung? Nennen Sie mindestens zwei Beispiele.

2. Was ist der wesentliche wirtschaftliche Unterschied zwischen Glücksspiel und Versicherung?

3. Nennen Sie Beispiele, die den Unterschied zwischen einer Spielbank und einer Versicherungsgesellschaft veranschaulichen.

4. Anleger in russischen Anleihen sollen Versicherungspolicen abschließen, die im Falle des Todes des Zaren an sie selbst zahlbar sind und deren Zweck darin besteht, sich vor dem Verlust durch die Wertminderung ihrer russischen Wertpapiere im Falle politischer Unruhen zu schützen, die am Tag des Zaren auftreten könnten Wechsel der Herrscher.

(a) Betrachten Sie eine solche Versicherung aus Sicht des Versicherers oder des Versicherten als Glücksspiel oder legitime Spekulation?

(b) Halten Sie die Ausgabe solcher Policen seitens der Versicherungsgesellschaften für „vernünftig"?

5. Sollten Lotterien gesetzlich erlaubt sein?

6. Angenommen, 1.000 Eigentümer von 1.000 Gebäuden im Wert von jeweils 7.000 US-Dollar möchten sich gegen Feuer versichern. Wenn das Risiko für die betroffene Gebäudeklasse so groß ist, dass jedes Jahr sieben von 1.000 brennen, welche jährliche Zahlung von jedem Eigentümer wäre dann erforderlich, um alle gegen Totalverlust zu versichern – Verwaltungskosten, Zinsen usw. werden ignoriert? (FM Taylor.)

7. Angenommen, ein Unternehmen besitzt 500 Gebäude im Wert von jeweils 100.000 US-Dollar. dass die Versicherung gegen Feuer in einem gewöhnlichen Unternehmen 250 US-Dollar pro Gebäude kosten würde; und dass das Unternehmen davon überzeugt ist, dass durch die Ausgabe von 10.000 US-Dollar der Brandschaden auf durchschnittlich ein Gebäude alle drei Jahre reduziert werden kann. Würde es sich für das Unternehmen lohnen, sich bei einem Unternehmen zu versichern? (FM Taylor.)

KAPITEL 13
INTERNATIONALER HANDEL

VERWEISE.

Bastable, CE , Die Theorie des internationalen Handels. 1897.

Brown, HG , Internationaler Handel und Austausch. 1914.

Clare, G. , Das ABC der Devisen. 1895.

Escher, Franklin , Die Elemente des Devisenhandels. 2. Auflage, 1911.

Goschen , *Viscount* , Die Theorie der Devisen. 1898.

Johnson, ER , Wahrscheinliche Veränderungen im Außenhandel der Vereinigten Staaten infolge des europäischen Krieges. AE Rev., 6 (Nr. 1, Supp.): 17-25. 1916. Diskussion am runden Tisch zu oben, 26-49.

Johnson, ER , *Van Meter* , *TW* , *Huebner, GG* und *Hanchett* , *DS* , Geschichte des inländischen und ausländischen Handels der Vereinigten Staaten. 1915.

* *Quellenbuch* , 337-346.

Willis, HP , Transport und Wettbewerb auf südamerikanischen Märkten. AE Rev., 2: 814-833. 1912.

FRAGEN.

1. Ist es eine schlechte Politik, die Menschen in einem Vorstadtdorf Geld in der Stadt für Dinge ausgeben zu lassen, die man zu Hause herstellen könnte?

2. Ist es für Kalifornien eine schlechte Politik, Erzeugnisse aus New England zu kaufen?

3. Nennen Sie Beispiele für die industriellen Vorteile Amerikas im Vergleich zu Europa.

4. Hängt die angeblich überlegene Leistungsfähigkeit des amerikanischen Arbeiters gegenüber dem konkurrierenden europäischen Arbeiter in irgendeiner Weise mit dem Grundsatz der Verhältnismäßigkeit zusammen?

5. Gemeinde A verfügt über Ländereien, auf denen Weizen zu 60 Cent pro Scheffel, Mais zu 40 Cent pro Scheffel und Kartoffeln zu 40 Cent pro Scheffel produziert werden können. Gemeinde B kann Weizen für 70 Cent pro Scheffel, Mais für 45 Cent pro Scheffel und Kartoffeln für 42 Cent pro Scheffel produzieren. Angenommen, jede Gemeinde kann gerade genug

dieser Lebensmittel für ihren eigenen Bedarf anbauen. Gibt es dann einen Anreiz für sie, diese Produkte auszutauschen?

6. „Für einen Mann ist das Gepäck aller Art am schwierigsten zu transportieren." Welchen Einfluss hat diese Tatsache auf die Theorie des internationalen Handels?

7. Kann ein Land dauerhaft einen Überschuss an Warenexporten gegenüber Warenimporten aufweisen? Wenn ja, unter welchen Bedingungen?

8. Wenn der Devisenkurs plötzlich um mehrere Cent steigen würde, während Importe und Exporte gleich blieben, welche Ursachen könnte das haben?

9. Wenn Nation A als Ergebnis eines einjährigen Außenhandels von anderen Nationen Goldmünzen im Wert von 10.000.000 US-Dollar erhält, um den Restbetrag der internationalen Schulden zu begleichen, inwieweit misst diese Summe den Gewinn von Nation A aus dem internationalen Handel? Gründe dafür.

10. Die Statistiken der Exporte und Importe der Vereinigten Staaten für das Jahr 1908-1909 zeigen einen Überschuss der Exporte gegenüber den Importen in Höhe von 351.000.000 US-Dollar an Waren; 12.000.000 $ in Silber und 48.000.000 $ in Gold. Erklären Sie deutlich, wie die Vereinigten Staaten im selben Jahr einen Überschuss an Waren-, Silber- und Goldexporten hatten.

11. Wenn die Nachfragebörse in London in New York zu 4,835 $ verkaufen würde, würde das irgendetwas über die relativen Werte unserer Importe und Exporte aussagen? Würde Gold unter diesen Bedingungen verschifft werden und wenn ja, in welche Richtung? Erklären.

12. Erklären Sie klar die Handelsbedingungen, unter denen Sterling-Wechsel auf Nachfrage auf dem New Yorker Devisenmarkt für 4,875 $ verkauft werden.

13. Wenn die Warenimporte aus England in die Vereinigten Staaten den Exporten aus den Vereinigten Staaten nach England entsprechen würden, wie wäre dann die Wechselkurslage in London? Würde es für eines der am Handel beteiligten Länder einen größeren Vorteil geben?

14. Welchen Einfluss auf den Wechselkurs hat der Besitz amerikanischer Anleihen im Ausland?

15. Wenn große Weizenlieferungen nach England erfolgen, werden die Wechsel in London in New York höher oder niedriger sein?

16. Wenn in New York ein Sight Draft auf London für 5.000 £ für 24.150 $ verkauft wird, in welche Richtung werden sich die Goldüberweisungen dann wahrscheinlich bewegen? Gib Gründe.

17. Welche Auswirkungen hat es auf die Wechselkurse, wenn England unsere Wertpapiere im Wert von 10.000.000 US-Dollar an Amerikaner verkauft?

18. Zeigen Sie, wie in einem goldproduzierenden Land die Beziehungen und Wechselwirkungen zwischen neuem Goldangebot, Preisen, relativen Import- und Exportmengen und Wechselkurs aussehen würden. (Sumner.)

19. Ein Land mit n Dollar im Umlauf muss eine Kriegsentschädigung von n Dollar an ein anderes Land mit dem gleichen Umlauf zahlen. Wie viel Geld wird dann jeder haben und welche Auswirkungen wird dies auf Preise, Außenhandel und Wechselkurs haben? (Davenport.)

20. Angenommen, eine Zunahme des Volumens unserer Währung aufgrund einer neuen Ausgabe von Silber, welche Auswirkungen hätte das auf den internationalen Handel? Wäre dieser Effekt von Dauer? Würde Ihre Antwort überhaupt vom Zustand unserer Währung zum Zeitpunkt der Erhöhung abhängen?

21. Wenn durch die Verbesserung unseres Banken- und Währungssystems ein viel größerer Prozentsatz der Geschäfte des Landes über die Verwendung von Krediten (anstelle von Geld) als Tauschmittel abgewickelt wird, welche Auswirkungen wird dies auf (a.) haben) die Menge des im Umlauf befindlichen Geldes, (b) das allgemeine Preisniveau, (c) die Zusammensetzung der Tauschmittel des Landes, (d) der internationale Goldverkehr, (e) die Interessen der Schuldner bzw. Gläubiger?

22. Jedes der beiden Länder A und B kann durch die Anwendung einer bestimmten Arbeitsmenge auf seine materiellen Ressourcen eine oder alle der Waren M, N, O, P, Q, R und S produzieren. wie in der folgenden Tabelle dargestellt:

Ware.	Land A.	Land B.
M	50 Tonnen	60 Tonnen
N	1000 Yards	1100 Yards
Ö	.25 Ballen	20 Ballen
P	900 Scheffel	800 Scheffel
Q	600 Unzen	650 Unzen
R	5000 Gallonen	5000 Gallonen
S	2500 Pfund	2000 Pfund

(a) Ist es ohne restriktive Gesetzgebung wahrscheinlich, dass jedes Land alle diese Waren für sich selbst produziert? Warum oder warum nicht?

(b) Wenn die Bedingungen so sind, dass sie zu einer territorialen Arbeitsteilung führen, welche Waren werden dann in jedem Land am wahrscheinlichsten produziert?

(c) Über welche dieser Waren besteht in diesem Punkt die geringste Gewissheit? Warum?

KAPITEL 14
DIE POLITIK EINES SCHUTZTARIFS

VERWEISE.

Bolen, GL , Klare Fakten zu den Trusts und dem Tarif. 1902. Pt. II.

Daniels, WM , Die Elemente der öffentlichen Finanzen. Hrsg., 1911. Pt. II, Kap. VII.

Johnson, EH , Die Auswirkung eines Zolls auf die Produktion. QJE, 18: 135-137. 1903-1904.

Patten, SN , Die wirtschaftliche Grundlage des Schutzes. 1890.

* *Quellenbuch* , 347-357, 358-360.

Wallace, HB , Ein ausgewogener Tarif. AE Rev., 2: 568-575. 1912.

FRAGEN.

1. Kann es von Vorteil sein, mit einer Nation freien Handel zu treiben, wenn der allgemeine Freihandel schlecht ist?

2. Wenn es kein rechtliches Hindernis für einen Zoll zwischen den Staaten gäbe, würde dann wahrscheinlich ein Zoll erhoben werden? Wenn ja, wäre das eine kluge Maßnahme?

3. Diskutieren Sie die Behauptung, dass ein Schutzzoll, indem er dazu beiträgt, die Einfuhr ausländischer Waren fernzuhalten, dazu beiträgt, eine günstige Handelsbilanz aufrechtzuerhalten.

4. „Die territoriale Verteilung des Geldes ist sowohl ein determinierter als auch ein bestimmender Faktor im internationalen Handel."

Erklären Sie die Bedeutung dieser Aussage und zeigen Sie ihren Zusammenhang mit dem Schutzargument „günstige Handelsbilanz".

5. Ein Engländer führte dieses Schutzargument an: „Wenn ein Engländer für einen Schilling (24 Cent) eine Bratpfanne von einem Deutschen kauft, dann bekommt England die Bratpfanne und Deutschland den Schilling, wohingegen, wenn ein Engländer die Bratpfanne von einem Deutschen kauft." ein englischer Hersteller für 13 Pence (26 Cent), England bekommt sowohl die Bratpfanne als auch die 13 Pence. Die Preiserhöhung kommt England zugute, weil das Geld im Land bleibt, anstatt ins Ausland zu gehen, um den Reichtum fremder Nationen zu vermehren." Geben Sie Ihre Meinung zu diesem Argument ab.

6. Besprechen Sie diese Aussage: „Das amerikanische Volk schickt über 100.000.000 US-Dollar pro Jahr ins Ausland, um den importierten Zucker zu bezahlen. Um diese Rechnung zu erfüllen, ist eine Weizenernte von über 7.100.000 Acres erforderlich. Der gesamte jetzt importierte Zucker könnte jedoch auf 1.700.000 Acres in Form von Rüben oder Rüben angbaut werden." Zuckerrohr. Mit anderen Worten , wir werfen den Ertrag von etwa 5.400.000 Acres Land weg, indem wir keinen eigenen Zucker anbauen."

7. Eine New Yorker Tageszeitung hat behauptet: „Natürlich wären wir die Gewinner, wenn jedes Pfund davon (Rohbaumwolle) in verarbeiteter Form exportiert würde. Jeder Prozess, den das Rohmaterial bei seiner Umwandlung in Stoffe durchläuft, würde Beschäftigung bedeuten." Amerikanische Lohnempfänger.

Diskutieren Sie die These, dass der Arbeitsaufwand amerikanischer Lohnempfänger geringer ist, wenn wir Rohbaumwolle exportieren, als wenn wir die Rohbaumwolle in diesem Land für den Export herstellen würden.

8. Unter der Annahme, dass ein Einfuhrzoll auf Tee, wenn er ausreichend hoch wäre, eine Teeanbauindustrie in den Vereinigten Staaten schaffen würde, die in der Lage wäre, die gesamte Inlandsnachfrage zu decken, verfolgen Sie die verschiedenen wirtschaftlichen Auswirkungen eines solchen Zolls.

9. Wer profitierte, als hawaiianischer Zucker (vor der Annexion) zollfrei eingeführt wurde, während anderer Zucker besteuert wurde?

10. Wenn die Eigentümer von Marmorsteinbrüchen nachweisen können, dass ihr Nettoeinkommen 30 Prozent beträgt. Bedeutet dies, dass der Zoll aufgrund des Schutzzolls auf ausländische Murmeln höher ist, dass der Zoll den Reichtum des schützenden Landes erhöht?

11. Machen Sie eine Aussage, die Sie Ihrer Meinung nach zum Zusammenhang zwischen hohen oder niedrigen Löhnen und dem internationalen Wettbewerb vertreten können. Halten Sie an Ihrem Vorschlag fest.

12. Was sagen Sie zu dem Plan, die Einfuhrzölle so anzupassen, dass die „Arbeitskosten" importierter und inländischer Waren ausgeglichen werden, und zwar durch die Erhebung von Zöllen, die gerade die vom amerikanischen Arbeitgeber gezahlten höheren Löhne ausgleichen?

13. Ist ein hoher Geldlohn ein Hindernis für das erfolgreiche Verhalten der Industrie im Wettbewerb mit Ländern, in denen der Geldlohn niedrig ist?

14. Welches Argument wurde ursprünglich im Hinblick auf die vergleichbaren Lohnniveaus im In- und Ausland angeführt, soweit es um die Gründung bestimmter Industrien in diesem Land ging? Vergleichen Sie

dieses Argument mit dem aktuellen protektionistischen Argument hinsichtlich des Verhältnisses zwischen dem Zolltarif und dem gegenwärtigen allgemeinen Lohnniveau in den Vereinigten Staaten.

15. Welche Hilfe sollte das Lohngesetz bei der Erklärung der gegenwärtigen Ungleichheit in den Lohnskalen in Deutschland, Frankreich, England und den USA leisten?

16. Wenn es sich lohnen würde, Waren kostenlos zuzulassen, könnten wir dann berechtigt sein, sie zu besteuern, um dem anderen Land Zugeständnisse zu erzwingen?

17. Welche Bedingungen für Verbrauch und Produktion im In- und Ausland wären am günstigsten für die Verlagerung eines Einfuhrzolls auf ein hergestelltes Produkt vollständig auf den Verbraucher?

18. (a) A und B sind zwei tropische Inseln, die von befreundeten Völkern bewohnt werden und die gleichen Waren produzieren. Das Klima, der Boden und die Topographie von A sind so, dass dort alle Arten von Produkten mit weniger Aufwand hergestellt werden können als in B. Könnte es für die Menschen in A einen Anreiz geben, mit den Menschen in B Handel zu treiben?

(b) Gibt es einen Grund, warum die Menschen von B nicht alle nach A auswandern sollten, wenn man alle Gefühle der Feindseligkeit und sentimentalen Verbundenheit mit der Heimat außer Acht lässt?

(c) Könnte B die Produktionsbedingungen durch die Einführung eines Schutzzolls auf die Produkte der beiden Inseln angleichen?

(d) Angenommen, A wurde entdeckt, nachdem auf B eine starke Zivilisation herangewachsen war. Könnten die Bedingungen so sein, dass A einen Schutzzoll mit eigenem Vorteil einfordern könnte?

KAPITEL 15
AMERIKANISCHE ZOLLGESCHICHTE

VERWEISE.

* *Blakey, RG* , Das neue Einnahmengesetz. AE Rev., 6: 837-850. 1916.

Curtis, JF , Die Verwaltungsbestimmungen des Revenue Act von 1913. QJE, 28: 31-45. 1913-1914.

Hoffmann, IN , Zollverwaltung nach dem Tarifgesetz von 1913. JPE, 22: 845-871. 1914.

McKinley, Wm. , Geschichte der Zollgesetzgebung, 1812-1896. 1896.

Sumner, WG , Geschichte des Schutzes in den Vereinigten Staaten. 1877.

Taussig, FW , Wie Zölle nicht gemacht werden sollten. AE Rev., 1: 20-32. 1911.

Taussig, FW , Zollgeschichte der Vereinigten Staaten. 6. Auflage, 1914.

Taussig, FW , Die Tarifdebatte von 1909 und das neue Tarifgesetz. QJE, 24: 1-38. 1909-1910.

* *Willis, HP* , Der Tarif von 1913. JPE, 22: 1-42, 105-131, 218-238. 1914.

FRAGEN.

1. Was waren Ihrer Meinung nach im Lichte der amerikanischen Zollgeschichte (1) die Hauptvorteile und (2) die Hauptnachteile eines stark schützenden Zolls als Hauptquelle öffentlicher Einnahmen? Veranschaulichen Sie Ihre Argumente durch historische Referenzen.

2. Wenn andere Länder unseren Handel billiger abwickeln können als wir selbst, und wenn die Bürger dieses Landes ihr Geld mit größerem Gewinn in andere Industrien investieren können, welche Vor- und Nachteile hat es dann, wenn wir diesen Ländern erlauben, unseren Handel abzuwickeln?

3. Erfassen und grafisch darstellen Sie die Werte der Importe und Exporte der USA nach und aus Europa, Nordamerika, Südafrika, Asien, Ozeanien und Afrika für die letzten fünf Berichtsjahre. Besprechen Sie die Frage der amerikanischen Exporte und Importe in einem Absatz mit einer Länge von maximal 200 Wörtern. Stat. Abst . (unter Progress of US).

4. Erstellen Sie eine Liste der zehn führenden Artikel, die aus den USA exportiert wurden, und der zehn führenden Artikel, die in die USA importiert wurden, für das letzte verfügbare Jahr. Was zeigen diese über die Position der USA im internationalen Handel? Stat. Abst .

KAPITEL 16
GEGENSTÄNDE UND GRUNDSÄTZE DER BESTEUERUNG

VERWEISE.

* *Bullock, CJ*, Ausgewählte Lesungen zum Thema öffentliche Finanzen. 1906. Kap. VIII, IX.

  Das Wachstum der Bundesausgaben. PSQ, 18: 97-111. 1903.

* *Daniels*, Pt. II, Kap. I-IV.

  Edgeworth, FY: Das subjektive Element in den ersten Steuergrundsätzen. QJE, 24: 459-470. 1909-1910.

* *Plehn, CC*, Öffentliche Finanzen. 3. Aufl., rev. und enl. 1913. Pkt. Ich, II.

Diskussionsrunde zum Thema Steuern. AE Assn. Bul., 4. Folge, 1 (Nr. 2): 333-346. 1911.

Seligman, ERA, Essays zum Thema Steuern. 8. Auflage, 1913.

FRAGEN.

1. Verletzt die Besteuerung jemals das Recht auf Privateigentum?

2. Was bekommt ein Bürger als Gegenleistung für seine Steuern?

3. Gibt es einen Zusammenhang zwischen den gezahlten Steuern und den vom Staat gewährten Leistungen?

4. Wie können wir den Vorschlag verstehen, dass die Besteuerung im Verhältnis zu den Fähigkeiten stehen sollte?

5. Einige behaupten, dass der Einsatz indirekter Steuern durch die Regierung die bestehenden Ungleichheiten bei der persönlichen Vermögensverteilung vergrößere. Welche Gründe können für oder gegen diese Meinung angeführt werden?

KAPITEL 17
GRUNDSTEUERN UND KÖRPERSCHAFTSSTEUERN

VERWEISE.

Brooks, RC, Die deutsche Reichssteuer auf den unverdienten Zuwachs. QJE, 25: 682-709. 1910-1911.

Bullock, Chs. XI, XV.

Compton, WM, Aktuelle Tendenzen bei der Reform der Waldbesteuerung. JPE, 23: 971-979. 1915.

* Hamilton, Readings, 560, 561.

Robinson, MH, Die Bundeskörperschaftssteuer. AE Rev., 1: 691-723. 1911.

* Quellenbuch, 130-137.

Tucker, RS, Die britischen Steuern auf Grundstückswerte in der Praxis. QJE, 29: 794-819. 1914-1915.

United States Bureau of Corporations, Bericht über die Besteuerung von Unternehmen. Pkt. I-IV. 1909-1912.

Sonderbericht zum Thema Steuern. 1913.

Young, AN, Die einheitliche Steuerbewegung in den Vereinigten Staaten. 1916.

FRAGEN.

1. In einem kürzlich erschienenen Zeitungsartikel heißt es: „Dies ist das Jahr, in dem Immobilien bewertet werden. Lassen Sie die Kuh im Vorgarten frei, reißen Sie den Zaun nieder und sorgen Sie dafür, dass die Dinge allgemein baufällig aussehen, denn Sie werden Geld in der Tasche haben." Was bedeutet das für die Besteuerung?

2. Die Teile eines Nachlasses, die von erfahrenen Immobilienmaklern in fünfzehn gleiche Anteile aufgeteilt wurden, wurden bald darauf aus steuerlichen Gründen unterschiedlich zwischen 900 und 2850 US-Dollar veranschlagt. Was bedeutet das? (Aus Sumners Probleme.)

3. Erklären Sie, wie und warum die allgemeine Grundsteuer in den Vereinigten Staaten im Hinblick auf die Besteuerung öffentlicher Dienstleistungsunternehmen zusammengebrochen ist.

4. Was versteht man unter der Trennung staatlicher und kommunaler Einnahmen? Welche Vorteile versprechen sich die Trennungsbefürworter für ihr Vorhaben? Wie beurteilen Sie die Zweckmäßigkeit?

5. Was ist mit der Aussage gemeint, dass eine einzige Steuer auf den Grundwert für alle Zeit von demjenigen gezahlt wird, der zum Zeitpunkt der ersten Erhebung der Steuer Eigentümer des Landes ist?

6. Wie besteuert Massachusetts die zwischenstaatlichen Eisenbahnstrecken, die durch den Staat führen? Welche Mängel sehen Sie gegebenenfalls im Massachusetts-Plan?

7. Können durch Steuern Teile der Gewinne großer Konzerne gesichert werden?

KAPITEL 18
PERSÖNLICHE STEUERN

VERWEISE.

Adams, TS, Die Auswirkung von Einkommens- und Erbschaftssteuern auf die Vermögensverteilung. AE Rev., 5 (Nr. 1, Supp.): 234-244. 1915.

Die Stellung der Einkommensteuer in der Reform der staatlichen Besteuerung. AE Assn. Bul., 4. Folge, 1 (Nr. 2): 302-321. 1911.

* *Blakey, RG*, Die neue Einkommensteuer. AE Rev., 4: 25-46. 1914.

Bowley, AL, Die britische Supersteuer und die Einkommensverteilung. QJE, 28: 255-268. 1913-1914.

* *Bullock*, Kap. XII, XVI.

Die Besteuerung von Vermögen und Einkommen in Massachusetts. QJE, 31: 1-61. 1916-1917.

Daniels, Pt. II, Kap. VIII.

Grice, JW, Jüngste Steuerentwicklungen in England. AE Rev., 1: 488-504. 1911.

Hill, JA, Die Einkommensteuer von 1913. QJE, 28: 46-68. 1913-1914.

Seligman, ERA, Die Einkommensteuer. Hrsg., 1914.

Smith, RH, Einkommensverteilung in Großbritannien und Inzidenz der Einkommensteuer. QJE, 25: 216-238. 1910-1911.

West, Max, Die Erbschaftssteuer. 2. Auflage, 1908.

FRAGEN.

1. Wie ist der aktuelle Stand der Erbschaftssteuer in den amerikanischen Commonwealths?

2. Diskutieren Sie die These, dass Einkommen die normale Steuerquelle ist.

3. Skizzieren Sie die Geschichte der Einkommensteuergesetzgebung der Bundesregierung. Welche Voraussetzungen führten zur Einkommensteuergesetzgebung von 1913?

4. Welchen Einkommensbegriff verkörpert die neue Einkommensteuer? Veranschaulichen Sie einige besondere Unterschiede, die sich aus dieser Verwendung von „Einkommen" ergeben.

5. Was halten Sie von der Gerechtigkeit einer progressiven Besteuerung?

6. Nennen Sie die beiden Hauptargumente für eine progressive Besteuerung. Welche beiden Argumente für eine progressive Besteuerung halten Sie für die stärksten und warum? Welche beiden Argumente gegen eine progressive Besteuerung halten Sie für die schwächsten und warum? Auf welche Arten von Steuern ist das Progressionsprinzip gegebenenfalls nicht anwendbar und warum?

KAPITEL 19
METHODEN DER INDUSTRIELLEN VERGÜTUNG

VERWEISE.

* *Adams, TS* und *Sumner, HL* , Arbeitsprobleme. 8. Auflage, 1914. Kap . IV, IX, X.

Commons, JR (Hrsg.), Gewerkschaftsbewegung und Arbeitsprobleme. 1905. Kap. XI.

* *Commons, JR* und *Andrews, JB* , Grundsätze der Arbeitsgesetzgebung. 1916. Kap. II, Sek. 1-3.

Cross, Ira B. , Kooperation in Kalifornien. AE Rev., 1: 535-544. 1911.

Fay, CR , Zusammenarbeit im In- und Ausland. 1898.

Gilman, NP , Gewinnbeteiligung zwischen Arbeitgeber und Arbeitnehmer. 1889.

Hoxie, RF , Warum organisierte Arbeiterschaft sich dem wissenschaftlichen Management widersetzt. QJE, 31: 62-85. 1916-1917.

Diskussion am runden Tisch. Industrielle Effizienz und die Interessen der Arbeit. AE Rev., 2 (Nr. 1, Supp.): 117-130. 1912.

Schloss, DF , Methoden der industriellen Vergütung. 3. Auflage, 1898.

Tugend, GO , Genossenschaften von Minneapolis. QJE, 19: 527-544. 1904-1905.

Wolff, HW , Vernachlässigte Möglichkeiten der Zusammenarbeit . Wirtschaft. Rev., 16: 190-206. 1906.

FRAGEN.

1. Gibt es bei zunehmender Arbeitsteilung mehr oder weniger Möglichkeiten zur Bezahlung der Arbeiter nach dem Stücklohnplan?

2. Besprechen Sie die folgende Aussage: Beim Akkordsystem achtet der Vorarbeiter auf die Qualität und der Arbeiter auf die Quantität der Arbeit; Beim Zeitlohnsystem achtet der Vorarbeiter auf die Quantität und der Arbeiter auf die Qualität der Arbeit.

3. Welche Abhilfe hat der Vorarbeiter für einen ineffizienten Arbeiter, der im Zeitlohnsystem arbeitet?

4. Ist Zeit- oder Akkordarbeit am besten für die folgenden Arten von Arbeitern geeignet: Bergarbeiter, Küfer, Landarbeiter, Drucker, Graveure, Arbeiter in Schuhfabriken, Eisenbahnbremser, Telegraphenarbeiter?

5. Gibt es einen Grund, einen nach diesem Plan beschäftigten Arbeiter zu entlassen, dessen Leistungsfähigkeit unter dem Durchschnitt liegt, da ein Mann im Akkordsystem nur für das bezahlt wird, was er leistet?

6. Beschreiben Sie alle Fälle von Gewinnbeteiligung, die Sie möglicherweise in der Praxis gesehen haben.

7. Entstehen bei einem genossenschaftlichen Gemischtwarenladen wirtschaftliche Gewinne? Wenn ja, wohin gehen sie?

Genossenschaftsladen in Betrieb gesehen haben, sagen Sie uns, welchen Erfolg er hatte.

die Zusammenarbeit von Produzenten und Verbrauchern und zeigen Sie die Schwierigkeiten und Vorteile auf.

KAPITEL 20
ORGANISIERTE ARBEIT

VERWEISE.

* *Adams* und *Sumner*, Kap. VI, VII.

Barnett, GE, Nationale und regionale Tarifverhandlungssysteme in den Vereinigten Staaten. QJE, 26: 425-443. 1911-1912.

Barnett, GE, Die Dominanz der nationalen Gewerkschaft in der amerikanischen Arbeitsorganisation. Ebd., 27: 455-481. 1912-1913.

Carlton, FT, Die Geschichte und Probleme der organisierten Arbeiterschaft. 1911.

Commons, Kap. II, VI.

* *Commons* und *Andrews*, Kap. III, Sek. 1.

Groat, GG, Eine Einführung in das Studium der organisierten Arbeiterschaft in Amerika. 1916.

Hoxie, RF, Wissenschaftliches Management und Arbeit. 1915.

Hoxie, RF, Die Wahrheit über die IWWJPE, 21: 785-797. 1913.

Hoxie, RF, Gewerkschaftsbewegung in den Vereinigten Staaten: allgemeiner Charakter und Typen; die Interpretation von Unionstypen. JPE, 22: 201–217, 464–481. 1914.

Lewis, HT, Die ökonomische Grundlage des Kampfes für den Closed Shop. JPE, 20: 928-952. 1912.

McCabe, DA, Der Standardsatz in amerikanischen Gewerkschaften. 1912.

Mitchell, John, Organisierte Arbeit. 1902.

* *Source Book*, 214-227 (Auszug aus McCabe).

Webb, Sidney und Beatrice, Industrielle Demokratie. 1897.

Wolman, L, Der Boykott in amerikanischen Gewerkschaften. 1916.

FRAGEN.

1. Sind die Möglichkeiten für Arbeiter, in den Rang eines Meisters aufzusteigen, genauso groß wie früher?

2. Was sind die Hauptursachen für die Entstehung und den Aufstieg von Gewerkschaften? Unterscheiden Sie zwischen einer Gewerkschaft und einer Gewerkschaft.

3. Welche günstigen Bedingungen gibt es für nationale Vereinbarungen zwischen Gewerkschaften und Arbeitgeberverbänden? Erklären Sie deutlich die Bedeutung jeder dieser Bedingungen.

4. Beschreiben Sie die Praktiken, die unter den Begriff „direkte Aktion" fallen, und stellen Sie sie den Methoden der Tarifverhandlungen und der Gesetzgebung gegenüber.

5. Werden Streiks in Ihrem Bundesland immer häufiger und wichtiger? Geben Sie als Antwort auf diese Frage Zahlen ab 1881 an, sofern verfügbar, aus denen die Anzahl der Streiks hervorgeht. betroffene Betriebe und in welchem Umfang; Lohnverluste und für Arbeitgeber. Stellen Sie die Zahlen grafisch dar. Ref., US Bu. of Labour, Jahresbericht, 1906.

6. Erhöhen oder verringern Gewerkschaften die Zahl der Streiks?

7. Wenn Sie Gewerkschaftsfunktionär wären, würden Sie einen Streik beginnen, wenn der Handel gut oder schlecht ist?

8. Macht es für die Dauerhaftigkeit einer durch einen Streik verursachten Lohnerhöhung einen Unterschied, ob der Arbeitgeber zu den erfolgreicheren oder zu den weniger erfolgreichen in diesem Geschäft gehört?

9. Nennen Sie Beispiele für die verschiedenen Arten des Boykotts. Wie stehen offenbar die Bundesgerichte zur Rechtmäßigkeit von Boykotten?

10. Gibt es eine Ähnlichkeit zwischen den Methoden der Gewerkschaften und der Etikette der medizinischen und juristischen Berufe?

11. Einige Gewerkschaften begrenzen die Zahl der Auszubildenden in ihren Berufen. Ist dies eine gerechtfertigte Politik ihrerseits?

12. Von den Methoden, die Gewerkschaften anwenden, um die Löhne ihrer Mitglieder zu erhöhen, die schädlich sind und die Interessen der übrigen Gemeinschaft, einschließlich der nicht gewerkschaftlich organisierten Arbeitnehmer, nicht beeinträchtigen? Gib Gründe.

13. Können Löhne durch die „Tarifverhandlungen" der Gewerkschaften beeinflusst werden, und wenn ja, geben Sie in diesem Zusammenhang eine Rechtfertigung (sofern vorhanden) für die gewerkschaftliche Organisation an.

Mitglieder erhalten, wenn eine Gewerkschaft einen Mindestlohnsatz festlegt, der niedriger ist, als der wettbewerbsfähige Marktsatz ohne Organisation wäre ? Geben Sie die Fakten aus dem Quellenbuch an, die Sie zu Ihrer Antwort führen.

15. Haben die Gewerkschaften die Löhne nicht gewerkschaftlich organisierter Arbeitnehmer erhöht oder gesenkt?

16. Wie stehen amerikanische Gewerkschaften zu Effizienzsystemen als Versuchen, verbesserte Produktionsmethoden (nicht Zahlungssysteme) einzuführen?

KAPITEL 21
ÖFFENTLICHE REGELUNG VON STUNDEN UND LÖHNEN

VERWEISE.

Abbott, Edith, Fortschritte des Mindestlohns in England. JPE, 23: 268-277. 1915.

Frauen in der Industrie. 1915.

* *Adams* und *Sumner*, Kap. II, VIII, XII, Sek. 1-4, 9, XIII, Sek. 2.

Barnett, GE und *McCabe, DA*, Mediation, Untersuchung und Schlichtung von Arbeitskonflikten. 1916.

Clark, VS, Die Arbeiterbewegung in Australasien. 1906.

Commons, Kap. VII, VIII, XVIII, XXI.

* *Commons* und *Andrews*, Kap. III, Sek. 2, 3, IV, V.

Compton, WM, Lohntheorien in der industriellen Schiedsgerichtsbarkeit. AE Rev., 6: 324-342. 1916.

Hammond, MB, Gerichtsinterpretation des Mindestlohns in Australien. AE Rev., 3: 259-286. 1913.

Hammond, MB, Lohnausschüsse in Australien. QJE, 29: 98–148, 326–361, 563–630. 1914-1915.

Holcombe, AN, Der gesetzliche Mindestlohn in den Vereinigten Staaten. AE Rev., 2: 21-37. 1912.

Kelley, Florenz, Mindestlohngesetze. JPE, 20: 999-1010. 1912.

Millis, HA, Einige Aspekte des Mindestlohns. JPE, 22: 132-155. 1914.

Mote, CH, Industrielle Schiedsgerichtsbarkeit. 1916.

Personen, CE, Frauenarbeit und Löhne in den Vereinigten Staaten. QJE, 29: 201-234. 1914-1915.

Suffern, AE, Schlichtung und Schiedsgerichtsbarkeit in der Kohleindustrie Amerikas. 1915.

United States Bureau of Labor Statistics, Bul. 175. 1915. Zusammenfassung des Berichts über Frauen- und Kinderverdiener.

Webb, Sidney, Die Wirtschaftstheorie eines gesetzlichen Mindestlohns. JPE, 20: 973-998. 1912.

Wise, EF, Lohnausschüsse in England. AE Rev., 2: 1-20. 1912.

FRAGEN.

1. Wenn Sie in zwei Stunden mehr Arbeit erledigen können als in einer, können Sie dann in 16 aufeinanderfolgenden Stunden mehr Arbeit leisten als in acht?

2. Was bestimmt die maximale Studienzeit für den ernsthaften Studenten?

3. Wann hört ein fleißiger Mann auf, auf seinem eigenen Bauernhof zu arbeiten, und warum?

4. Wenn die Produktion durch kürzere Arbeitszeiten um ein Viertel reduziert wird, wird dann für die Arbeitslosen in diesem Maße „Arbeit gemacht"?

5. Verteidigen Sie die Mindestlohnpolitik aus Sicht des Arbeitnehmers und geben Sie die Einwände der Arbeitgeber dagegen an.

6. Angenommen, es würde vorgeschlagen, per Gesetz einen allgemeinen Neun-Stunden-Tag für Männer einzuführen.

(a) Unter welchen Bedingungen würden Sie ein solches Gesetz als sozial vorteilhaft erachten?

(b) Welche anderen Agenturen könnten die Ziele erreichen, die ein solches Gesetz erreichen soll?

(c) Welche wichtigsten sozialen und wirtschaftlichen Auswirkungen würden Sie von einem solchen Gesetz erwarten?

KAPITEL 22
SONSTIGE ARBEITSSCHUTZ- UND SOZIALGESETZE

VERWEISE.

* *Adams* und *Sumner*, Kap. V, Sek. 3, XII, Sek. 5, XIII, Sek. 3.

Addams, Jane, Kinderarbeitsgesetzgebung, eine Voraussetzung für industrielle Effizienz. AAA, 25: 542-550. 1905.

Commons, Kap. XIV, XIX, XX, XXII, XXIII, XXVI, XXXVIII.

* *Commons* und *Andrews*, Kap. VI, VII, IX.

Fisher, WC, Der Bereich der Arbeiterentschädigung in den Vereinigten Staaten. AE Rev., 5: 221-278. 1915.

Leiserson, WM, Die Bewegung für öffentliche Arbeitsämter. JPE, 23: 707-716. 1915.

Pigou, AC, Arbeitslosigkeit. 1914.

Rubinow, IM, Das Problem der Arbeitslosigkeit. JPE, 21: 313-331. 1913.

Rubinow, IM, Geförderte Arbeitslosenversicherung. Ebd., 412-431. 1913.

Sumner, HL und *Merritt, EA*, Kinderarbeitsgesetzgebung in den Vereinigten Staaten. 1915.

United States Bureau of Labor Statistics, Bul. 159. 1915.

FRAGEN.

1. Welche Klassen von Wirtschaftsgütern oder Dienstleistungen sind gesetzlich geregelt und warum?

2. Gibt es eine Ähnlichkeit zwischen Gewerkschaften und Zöllen? Zwischen Zöllen und Fabrikgesetzgebung?

3. Mit welchen Gründen werden Gesetze zur Schließung von Friseurläden am Sonntag begründet?

4. Darf jemand, der ein Grundstück in einer Wohnstraße einer Stadt besitzt, darauf eine Leimfabrik errichten?

5. Welche Vorteile oder Nachteile haben Sie mit der Einschränkung der Kinderarbeit in Fabriken?

6. Bei welchen Sozialgesetzen stellt der föderale Charakter unserer Regierung ein ernsthaftes Hindernis für Experimente dar? Zeigen Sie deutlich die Gründe dafür auf.

7. Wenn die Bevölkerung stationär würde, weder zu- noch abnimmt, und wenn Methoden entdeckt würden, die die Produktion der gleichen Menge an Reichtum pro Jahr wie heute mit nur der Hälfte der eingesetzten Arbeitskräfte und der durchschnittlichen Arbeitskraft ermöglichen würden Würde der Tag nicht verkürzt werden, gäbe es dann nicht einen großen und scheinbar dauerhaften Mangel an Arbeitsplätzen? Diskutieren Sie ausführlich und begründen Sie Ihre Antwort.

8. In welchem Sinne ist die „Arbeitslosigkeit", die in einer Zeit der industriellen Depression so offensichtlich ist, ein Beweis dafür, dass die Zahl der Arbeitnehmer „die zu leistende Arbeit übersteigt"?

KAPITEL 23
SOZIALVERSICHERUNG

VERWEISE.

Adams und *Sumner*, Kap. XII, Sek. 6-8.

Baldwin, FS, Altersrentensysteme: eine Kritik und ein Programm. QJE, 24: 713-742. 1909-1910.

Commons, Kap. XXV.

* *Commons* und *Andrews*, Kap. VIII.

Foerster, RF, Das britische Sozialversicherungsgesetz. QJE, 26: 275-312. 1911-1912.

Frankel, LK und *Dawson, MM*, Arbeiterversicherung in Europa. 1910.

Henderson, CR, Industrieversicherung in den Vereinigten Staaten. 1909.

Lewis, FW, Staatsversicherung. 1909.

National Civic Federation, Sozialversicherungsabteilung, Bericht des Ausschusses für vorläufige Auslandsuntersuchungen. 1915.

Rubinow, IM, Standards der Krankenversicherung. JPE, 23: 221–251, 327–364, 437–464. 1915.

United States Bureau of Labor, Jahresberichte, 1908, 1909.

Warren, BS und *Sydenstricker, Edgar*, Krankenversicherung. 1916.

FRAGEN.

1. Treten Arbeitsunfälle häufiger in schlecht bezahlten oder in gut bezahlten Berufen auf?

2. Schlagen Sie Vor- und Nachteile eines allgemeinen Systems der obligatorischen Industrieversicherung für Alter, Krankheit und Unfall vor. Was sind die wesentlichen Unterschiede zwischen diesen drei Versicherungsformen?

3. Zeigen Sie, inwieweit in einem der folgenden Länder ein System der Arbeiterversicherung entwickelt wurde: Deutschland, Frankreich, Italien, England. Welche der oben genannten Formen wird bei der Entwicklung eines allgemeinen Systems der Arbeiterversicherung in den USA wahrscheinlich zuerst zum Einsatz kommen? Aus welchen Gründen wurde ein solches System in den USA nicht entwickelt? Henderson, CR, Industrieversicherung.

KAPITEL 24
BEVÖLKERUNG UND EINWANDERUNG

VERWEISE.

* *Adams* und *Sumner*, Kap. III.

* *Commons* und *Andrews*, Kap. II, Sek. 4.

Fairchild, HP, Einwanderung. 1913.

„Der Lebensstandard – hoch oder runter? AE Rev., 6: 9-25. 1916.

Fetter, FA, Bevölkerung oder Wohlstand. AE Rev., 3 (Nr. 1, Supp.): 5-19. 1913. (Ansprache des Präsidenten vor der American Economic Association, 1912, von der ein Großteil in Kapitel 24 im Text enthalten ist.)

Goldenweiser, EA, Walkers Einwanderungstheorie. Bin. J. Soc, 18: 342-351. 1912-1913.

Hall, PF, Die jüngste Geschichte der Einwanderung und Einwanderungsbeschränkungen. JPE, 21: 735-751. 1913.

* *Hamilton*, Readings, 384-386, 392-395.

Ehemann, WW, Die Bedeutung der Auswanderung. AE Rev., 2 (Nr. 1, Supp.): 79-85. 1912. Diskussion am runden Tisch zu oben, 86-88.

Jenks, JW, und *Lauck, WJ*, Das Einwanderungsproblem. 1912.

Lauck, WJ, Der verschwindende amerikanische Lohnempfänger. Atlan . Mo., 110: 691-696. 1912.

* *Materialien*, 146-156.

Mayo-Smith, Richmond, Statistik und Wirtschaft. 1899. Bk. Ich, Kap. V.

Mayo-Smith, Richmond, Statistik und Soziologie. 1895. Bk. Ich, chs . V-VII.

Millis, HA, Einige wirtschaftliche Aspekte der japanischen Einwanderung. AE Rev., 5: 787-804. 1915.

Page, TW, Die Verteilung der Einwanderer in den Vereinigten Staaten vor 1870. JPE, 20: 676-694. 1912.

Page, TW, Einige wirtschaftliche Aspekte der Einwanderung vor 1870. Ibid., 20: 1011-1028; 21: 34-55. 1912, 1913.

Roberts, Peter, Die neue Einwanderung. 1912.

Ross, EA, Die alte Welt in der neuen. 1914.

* *Quellenbuch*, 187-198. (Auszug aus Jenks und Lauck.)

Warne, FJ, Die Flut der Einwanderung. 1916.

FRAGEN.

1. Stellen Sie die Veränderungen, die bei unserer Einwanderung stattgefunden haben, tabellarisch und grafisch dar, und zwar hinsichtlich (1) der Menge und (2) des Charakters. Welche Probleme ergeben sich aus diesen Tatsachen? Stat. Abst.

2. Erklären Sie die Begriffe „die neue Einwanderung" und „die alte Einwanderung" und geben Sie die wichtigen statistischen Fakten dazu an.

3. Zeigen Sie die Anwendung der Bevölkerungslehre auf das gegenwärtige Problem der Einwanderung und Löhne in Amerika.

4. Zeigen die Einwanderungszahlen Hinweise auf die Notwendigkeit einer Gesetzgebung zur Einwanderungsbeschränkung?

5. Welche Auswirkungen hatte die jüngste Einwanderung in die Vereinigten Staaten auf den Einsatz von Maschinen?

6. Wenden Sie die Lohntheorie an, um die Auswirkungen der gegenwärtigen Einwanderung auf die Löhne ungelernter oder gering qualifizierter Arbeitskräfte zu erklären.

7. Wenn das Angebot an Arbeitskräften einer Klasse um zehn Prozent sinken würde, würden dann die Löhne im gleichen Verhältnis steigen?

8. Trägt die Einwanderung jetzt zum allgemeinen Wohlstand in den Vereinigten Staaten bei? Geben Sie die Fakten und allgemeinen Wirtschaftsprinzipien an, auf denen Ihre Antwort basiert.

9. Würde es Auswirkungen auf die Löhne in diesem Land haben, wenn über einen Zeitraum von zehn Jahren jährlich eine halbe Million Arbeitskräfte in ein Land einwandern und in diesem Zeitraum keine neuen natürlichen Ressourcen zur Verfügung stehen? Wenn ja, aus welchen Klassen von Arbeitern? Welche Auswirkungen hätte dies auf die Höhe des Einkommens der Grundeigentümer?

10. Erklären Sie, wie sich die allgemeinen Grundsätze der Preisbestimmung auf die Lohnfestsetzung auswirken. Zeigen Sie, wie diese Grundsätze gelten, wenn Süd- und Osteuropäer in großem Umfang beschäftigt sind. (Siehe Quellenbuch.)

11. Wenn auf einem bestimmten Arbeitsmarkt die Zahl der Arbeiter zunimmt, während die Zahl und technische Effizienz der indirekten Agenten unverändert bleibt, welche Änderung, wenn überhaupt, wird dann im Durchschnittslohnsatz resultieren? Welche Änderungen wird es ggf. bei der Rückkehr zu den indirekten Agenten geben?

12. Sind einfache, ungelernte Arbeitskräfte in China „rar" (im wahrsten Sinne des Wortes)? in den Vereinigten Staaten?

KAPITEL 25
LANDWIRTSCHAFTLICHE UND LÄNDLICHE BEVÖLKERUNG

VERWEISE.

Carver, TN , Ausgewählte Lektüren zur ländlichen Ökonomie. 1916.

Carver, TN , Die Arbeit der ländlichen Organisation . JPE, 22: 821-844. 1914.

Coulter, JL , Landwirtschaftliche Entwicklung in den Vereinigten Staaten, 1900-1910. QJE, 27: 1-26. 1912-1913.

Hibbard, BH , Mietverhältnisse in den nördlichen Zentralstaaten. QJE, 25: 710-729. 1910-1911.

Hibbard, BH , Mietverhältnisse in den Nordatlantikstaaten. QJE, 26: 105-117. 1911-1912.

Hibbard, BH , Mietverhältnisse in den westlichen Bundesstaaten. QJE, 26: 363-376. 1911-1912.

Hibbard, BH , Mietverhältnisse in den Südstaaten. QJE, 27: 482-496. 1912-1913.

Hoagland, HE , Die Bewegung der Landbevölkerung in Illinois. JPE, 20: 913-927. 1912.

Nourse , EG , Agrarökonomie. 1916. (Eine große Menge an Lesungen, gut ausgewählt und bearbeitet.)

Diskussion am runden Tisch. Der Rückgang der Landbevölkerung. AE Rev., 2 (Nr. 1, Supp): 51, 52. 1912.

Diskussion am runden Tisch. Ländliche Verhältnisse im Süden. Ebd., 48-50. 1912.

Taylor, HC , Agrarökonomie. 1905.

Vogt, PL , Das Arbeitseinkommen des Landwirts. AE Rev., 6: 808-822. 1916.

FRAGEN.

1. Nennen Sie alle Ihnen aufgefallenen Fälle lokaler Veränderungen der Bevölkerungsverteilung zwischen Land und Stadt. Was sind die wichtigsten Fakten, die in diesen Fällen von Interesse sind? Welche Kräfte können Sie als Ursachen der Veränderungen zuordnen? Wurde die landwirtschaftliche Tätigkeit beschleunigt oder verzögert? Hat es einen Rückschlag erlitten?

2. Ein wohlhabender Großstadtbankier erwirbt ein großes Landgut in einem Viertel, in dem die Landwirtschaft praktisch auf Subsistenzbasis betrieben

wird und in dem in den letzten Jahren viele Bauernhöfe aufgegeben wurden. Er investiert viel Arbeit und Material in den Boden und scheut keine Kosten für Zwecke, die zur Produktion von Pflanzen bester Qualität beitragen. Unter welchen Bedingungen kann dies gewinnbringend durchgeführt werden? Welche Auswirkungen wird es wahrscheinlich auf die örtliche Landwirtschaft haben, (a) wenn das gesamte Produkt des Gutes dort verbraucht wird? (b) wenn ein wesentlicher Teil des Produkts im Wettbewerb mit dem der örtlichen Landwirte vermarktet wird? Welche Veränderungen werden voraussichtlich in Bezug auf die Beschäftigung der lokalen Bevölkerung eintreten? In Bezug auf seine Migration?

3. Warum besiedeln Einwanderer jetzt die Farmen Neuenglands, die teilweise schon seit Jahren von einheimischen Bauern verlassen wurden? Ist die Tatsache, dass sie dies tun, ein Argument für oder gegen die Einwanderungsbeschränkung?

4. Was ist die allgemeine Tendenz von Einwanderern in Bezug auf die Ansiedlung in städtischen und ländlichen Gemeinden?

5. Wenn es wahr ist, dass der relative Rückgang der landwirtschaftlichen Bevölkerung der Vereinigten Staaten durch das Wirken rein wirtschaftlicher Kräfte erklärt werden kann, aus welchen Gründen gibt es dann einen Grund, sich über die Übel der Bevölkerungskonzentration in Städten zu beschweren?

KAPITEL 26
PROBLEME DER AGRARÖKONOMIE

VERWEISE.

Carver, TN , Ausgewählte Lektüren zur ländlichen Ökonomie. 1916.

Coulter, JL , Vermarktung landwirtschaftlicher Flächen in Minnesota und North Dakota. AE Rev., 2: 282-301. 1912.

Goldenweiser, EA , Das Einkommen des Bauern. AE Rev., 6: 42-48. 1916.

Hübner, GG , Agrarhandel: die Organisation des amerikanischen Handels mit Agrarrohstoffen. 1915.

Jahrbuch des Internationalen Instituts für Agrarstatistik. Monographien zur landwirtschaftlichen Zusammenarbeit in verschiedenen Ländern. 1916.

Kemmerer, EW , Agrarkredite in den Vereinigten Staaten. AE Rev., 2: 852-872.

* *Materialien* , 407, 408, 409.

Metcalf, R. und *Black, CG* , ländliche Kreditgenossenschaft und landwirtschaftliche Organisation in Europa. 1915.

Olmsted, VH , Die Kaufkraft landwirtschaftlicher Produkte. Landwirtschaftsministerium der Vereinigten Staaten, Bericht, 1912.

* *Phillips* , Kap. XXVII. Über Agrarkredite.

Powell, FW , Kooperative Vermarktung von kalifornischem Frischobst. QJE, 24: 392-418. 1909-1910.

Putnam, GE , Agrarkreditgesetzgebung und das Mietproblem. AE Rev., 5: 805-815. 1915.

Putnam, GE , Farmkredit in Kansas. Ebd., 27-37. 1915.

Putnam, GE , Das Bundeskreditgesetz für den ländlichen Raum. Ebd., 6: 770-789. 1916.

Shaw, AW , Einige Probleme bei der Marktverteilung. QJE, 26: 703-765. 1911-1912.

* *Quellenbuch* , 34-47, 48-57, 75-80, 81-90.

Warren, GF, Farmmanagement. 1913. (Behandelt hauptsächlich das Problem der einzelnen landwirtschaftlichen Betriebe, aber auch viele der umfassenderen wirtschaftlichen Fragen.)

Weld, LDH , Die Vermarktung landwirtschaftlicher Produkte. 1916.

FRAGEN.

1. Warum wurde die Unternehmensform von Unternehmensorganisationen in der Landwirtschaft nicht so umfassend eingeführt wie in anderen Branchen?

2. Besprechen Sie die folgenden Aussagen, die aus einem Artikel über den Federal Farm Loan Act von 1916 zitiert wurden: „Es bestand keine Notwendigkeit für irgendeine Art von Bundesgesetzgebung, die das Landkreditproblem der Landbesitzer berührte ... Es gibt jedoch noch mehr." dringendes Problem ... die Bedingungen des Landlebens für die *jüngere* Generation von Landwirten attraktiver zu gestalten. Um dieses Ziel zu erreichen, ist eine Form der Landkaufgesetzgebung erforderlich. Amer. Wirtschaft. Rev., 6: 789. 1916.

3. Wie unterscheiden sich Stadt- und Landkreise in der Präferenz und Nutzung verschiedener Arten von Bankkrediten?

KAPITEL 27
DAS EISENBAHNPROBLEM

VERWEISE.

Brown, HG , Der Wettbewerb der Transportunternehmen. AE Rev., 4: 771-792. 1914.

Brown, HG , Transporttarife und ihre Regulierung. 1916.

Clark, JM , Einige vernachlässigte Phasen der Tarifregulierung. AE Rev., 4: 565-574. 1914.

Dixon, FH , The Mann-Elkins Act, zur Änderung des Gesetzes zur Regulierung des Handels. QJE, 24: 593-633. 1909-1910.

Dunn, SO , Eisenbahndiskriminierung. JPE, 20: 437-461. 1912.

Gephart , WF , Die Stellung des Kanals in einem nationalen Transportsystem. AE Assn. Bul., 4. Folge, 1 (Nr. 2): 188-196. 1911. Diskussionsrunde, 197-203.

Hadley, AT , Eisenbahntransport. 1884.

Hammond, MB , Eisenbahntariftheorien der Interstate Commerce Commission. QJE, 25: 1-66, 279-336, 471-538. 1909-1910.

Johnson, ER , Amerikanischer Eisenbahntransport. 3. Auflage, 1908.

Johnson, ER , Binnenwasserstraßenpolitik. AE Assn. Bul., 4. Folge, 1: 166-174. 1911.

Johnson, ER , Die Grundsätze der staatlichen Regulierung der Eisenbahnen. PSQ, 15: 37-49. 1900.

McFall, RJ , Eisenbahnmonopol und Tarifregulierung. 1916.

Materialien , 627, 628.

Meyer, BH , Bestimmte Überlegungen bei der Festlegung von Eisenbahntarifen. AE Rev., 4 (Nr. 1, Supp.): 69-80. 1914. Diskussion am runden Tisch zu oben, 81-100.

Prouty, CA , Eisenbahndiskriminierungen und Industriezusammenschlüsse. AAA, 15: 41-50. 1900.

Ripley, WZ , (Hrsg.), Eisenbahnprobleme. 1907.

Ripley, WZ , Eisenbahnen: Tarife und Regulierung. 1912.

Ripley, WZ , Überkapitalisierung der Eisenbahn. QJE, 28: 601-629. 1913-1914.

Ripley, WZ, Eisenbahnen: Finanzen und Organisation. 1915.
* *Quellenbuch*, 361-367, 368-378, 379-382.

FRAGEN.

1. Warum ist der Transport in den Vereinigten Staaten ein größeres Problem als in Europa?

2. Zeigen Sie, auf welche Weise natürliche Wasserstraßen die Lage führender Städte in Amerika bestimmt haben.

3. Nennen Sie Beispiele für Städte, deren Wachstum durch die Eisenbahn verursacht wurde.

4. Nach welchen Gesichtspunkten werden Waren für den Transport per Eisenbahn klassifiziert? Ist die Einstufung eine ungerechtfertigte Diskriminierung? Veranschaulichen Sie es anhand eines Beispiels.

5. Welche Interessengruppen werden durch die Erhöhung des Mindestgewichts für Wagenladungen berührt? Erklären Sie jeweils, ob die Wirkung günstig oder ungünstig ist und begründen Sie dies.

6. Haben die Servicekosten etwas mit den Tarifen der Eisenbahnen zu tun?

7. Nennen Sie ein Beispiel für ein Pauschalpreisgebiet und die Gründe dafür.

8. Was ist die „Lang- und Kurzstrecken"-Klausel des Interstate Commerce Act? Erklären Sie, warum die Eisenbahnen Tarife festlegen, die gegen die Bestimmungen dieser Klausel verstoßen, und warum die Regierung den Eisenbahnen die Festlegung solcher Tarife verbieten sollte.

9. Eine Eisenbahn, die zwei konkurrenzfähige Punkte verbindet, berechnet für Getreidelieferungen von ihrem Endpunkt im Landesinneren einen Viertelcent pro Tonne Meile, während sie für Getreidelieferungen aus nicht konkurrenzfähigem Gebiet einen Cent pro Tonne Meile berechnet. Welche Überlegungen haben vermutlich zur Festlegung der oben genannten Tarife geführt?

Könnte die Eisenbahn ihre Nettoeinnahmen nicht steigern, indem sie den Tarif für den Durchgangsverkehr auf einen halben Cent pro Tonnenmeile erhöht und den lokalen Tarif auf drei Viertel Cent pro Tonnenmeile senkt?

10. Der Tarif für Mais auf Wagenladungsplätzen von Omaha, Nebraska nach Newport News, Virginia beträgt 10 Cent pro hundert Pfund. Von der Omaha-Region aus gibt es konkurrierende Fluggesellschaften, die den Golf und andere Atlantikhäfen anfliegen. Der Tarif für Mais in Wagenladungspartien von Punkten in Virginia nach Newport News auf derselben Strecke beträgt 12 Cent pro hundert Pfund. Könnten die lokalen

Tarife nicht gesenkt werden, wenn die Fluggesellschaften die Tarife auf der Fernstrecke erhöhen würden?

11. Welche Fälle haben Sie gesehen, in denen die Eisenbahnen der Öffentlichkeit ungerechtfertigt gegenüberstehen?

12. Nennen Sie Fälle, die Sie gesehen oder gehört haben, bei denen zwei Versender unterschiedliche Tarife für denselben Service bezahlt haben.

13. Kennen Sie Großstädte, die günstigere Versandpunkte als Nachbarstädte sind?

14. Welche gesetzlichen Rechte haben die Erbauer einer Eisenbahn, die nicht allen Bürgern zustehen?

15. Können Sie einen klaren Unterschied zwischen dem öffentlichen Charakter einer Eisenbahn und dem einer Pferdekutsche erkennen?

16. Welchen Schaden kann die Annahme von Beschlüssen durch Richter, Gesetzgeber und andere Amtsträger anrichten?

17. Sollte das Gesetz den Verkauf von Tickets durch „Scalper" verbieten?

18. Wenn Ihr Nachbar mit einem Pass fährt und Sie den Fahrpreis bezahlen, helfen Sie dann, seine Fahrt zu bezahlen?

19. Warum sollten Prediger den halben Fahrpreis erhalten?

20. Was sind die Hauptgründe für die staatliche Regulierung der Eisenbahnen?

21. Warum bereitet die Frage der Kontrolle der Eisenbahnen im Interesse der Öffentlichkeit in Amerika besondere Schwierigkeiten?

KAPITEL 28
Das Problem des Industriemonopols

VERWEISE.

Bolen, GL, Klare Fakten zu den Trusts und dem Tarif. 1902.

Collier, WM, Die Trusts. 1900.

Cotter, A., Die authentische Geschichte der United States Steel Corporation. 1916.

Hobson, JA : Die Entwicklung des modernen Kapitalismus. Hrsg., 1912. Kap. V.

Jones, Eliot, Die Anthrazitkohlekombination in den Vereinigten Staaten. 1914.

King, WI, Der Reichtum und das Einkommen der Menschen in den Vereinigten Staaten. 1915.

Meade, ES, Die Ökonomie der Kombination. JPE, 20: 358-372. 1912.

Treuhandfinanzierung. 1903.

Montague, GH, Trusts von heute. 1904.

Ripley, WZ, Industrielle Konzentration, wie aus der Volkszählung hervorgeht. QJE, 21: 651-658. 1906-1907.

(Hrsg.), Trusts, Pools und Kapitalgesellschaften. Hrsg., 1916.

* *Quellenbuch*, 255-264. (Auszug aus dem Bericht des United States Commissioner of Corporations über den Transport von Erdöl.)

Stevens, WS, Klassifizierung von Pools und Verbänden. AE Rev., 3: 545-575. 1913.

Stevens, WS, (Hrsg.), Industrielle Zusammenschlüsse und Trusts. 1913.

Stevens, WS, Eine Gruppe von Trusts und Kombinationen. QJE, 26: 593-643. 1911-1912.

Stevens, WS, The Powder Trust, 1872-1912. Ebd., 444-481. 1911-1912.

United States Commissioner of Corporations, Bericht über den Transport von Erdöl. 1906.

Willoughby, WF, Die Integration der Industrie in den Vereinigten Staaten. QJE, 16: 94-115. 1901-1902.

FRAGEN.

1. Welche großen Trusts wurden kürzlich gegründet?

2. Nennen Sie die Beweggründe für die Gründung von Trusts und trennen Sie dabei gesellschaftlich vorteilhafte und unsoziale.

3. Zählen Sie die Vorteile auf, die ein „Trust" gegenüber einem kleinen Konkurrenten besitzt, und geben Sie an, welche davon das Ergebnis einer Produktion in großem Maßstab sind und welche auf den Besitz von Monopolmacht zurückzuführen sind.

4. Gibt es Bedingungen, unter denen eine Kombination eine wirtschaftlichere Produktions- und Vertriebseinheit darstellen würde als eine einzelne Anlage, die groß genug ist, um alle Vorteile zu gewährleisten, die sich aus der bloßen Produktionsmenge ergeben? Wenn ja, geben Sie sie klar an.

5. Erklären Sie sorgfältig die Ursachen und Grenzen der Vorteile der Großproduktion. Nennen Sie drei Beispiele für Branchen, in denen die Vorteile gesehen werden.

6. Haben Sie das Wachstum einer lokalen Industrie von einem kleinen Anfang zu großen Ausmaßen beobachtet? Wenn ja, wie erklären Sie sich das?

7. Welches ist das größte Produktionsunternehmen in Ihrer Heimatstadt? Wären auch mehrere kleinere Betriebe gleicher Art und mit gleicher Gesamtkapazität erfolgreich? Warum?

8. Welche Beziehung hat den Transport und andere Kommunikationsmittel zu Trusts verbessert?

9. Was sind die wichtigsten Methoden, mit denen Trusts oder Zusammenschlüsse versucht haben, Einsparungen im Management zu erzielen?

10. Beschreiben Sie die charakteristischen Merkmale des Pools, des Trusts und der Holdinggesellschaft.

11. Beschreiben Sie alle Ihnen bekannten Vereinbarungen zwischen Händlern oder Herstellern zum Zweck der Preisregulierung. Sind die Preise dadurch gestiegen oder gefallen?

12. Was ist eine einfache Preisvereinbarung? Wie unterscheidet es sich von einem Pool? Gibt es Unterschiede in der Legalität? Gründe dafür.

13. Wo liegen die Grenzen der Preisfestsetzungs- und Gewinnmacht von Monopolen? Gibt es andere Bedingungen, die dazu neigen, das unbestimmte Wachstum von Kombinationen zu verhindern?

14. Erklären und veranschaulichen Sie anhand eines konkreten Beispiels die Umstände im Zusammenhang mit den Produktionskosten, die dazu führen, dass ein Monopolpreis niedriger ist als der vorherige Wettbewerbspreis für denselben Artikel. Auf lokale oder vorübergehende Preissenkungen durch Monopole, die auf diese Weise einen lokalen Markt erobern wollen, ist hier nicht Bezug genommen.

15. Wenn der gesamte Handel Tausch ist, reduzieren die Mitglieder eines Trusts dann nicht ihr Einkommen, wenn sie den Preis ihrer Produkte durch künstliche Vereinbarungen erhöhen?

16. Fünf Fabriken, die in verschiedenen Teilen der Vereinigten Staaten einen bestimmten Artikel herstellen, werden im Eigentum einer einzigen, zu diesem Zweck gegründeten Gesellschaft zusammengefasst. Vor dem Zusammenschluss produzierten diese fünf Anlagen 75 Prozent. der Gesamtproduktion des betreffenden Artikels, die jeweils etwa 15 Prozent ausmachen; die restlichen 75 Prozent. wurde von sieben Anlagen produziert, von denen keines mehr als 5 Prozent produzierte. der Gesamtleistung. Jedes der ersten fünf Werke war groß genug, um alle bekannten Kosteneinsparungen bei der Umwandlung des Rohmaterials in das physische Endprodukt zu erzielen, und jedes war mit voller Kapazität ausgelastet. Der Gesamtnettogewinn der fünf Werke betrug 1.000.000 US-Dollar pro Jahr. Die Kosten für die Reproduktion dieser fünf betragen 14.000.000 US-Dollar. Die neue Gesellschaft gibt den Eigentümern der übernommenen Immobilien 10.000.000 US-Dollar in 5 Prozent aus und zahlt sie aus. erste Hypothekenanleihen, kumulative Vorzugsaktien im Wert von 6.000.000 USD und Stammaktien im Wert von 8.000.000 USD.

Was wird darüber entscheiden, ob diese Kombination Monopolmacht besitzt?

Ist das Unternehmen überkapitalisiert? Wenn ja, in welchem Umfang? Machen Sie deutlich, was Sie unter Überkapitalisierung verstehen?

Ist es wahrscheinlich, dass der Gewinn des neuen Unternehmens höher ausfallen wird als der Gesamtgewinn der fünf Werke, wenn der Preis des Produkts nicht erhöht wird? Wenn ja, wie wird diese Steigerung erreicht?

Wie wirkt sich eine Ertragssteigerung auf den Preis jeder der drei Arten von Wertpapieren des Unternehmens aus?

17. Nehmen wir an, dass sich die tatsächliche Nachfrage nach einer bestimmten Art von Gütern im ganzen Land mit den angegebenen Preisänderungen wie folgt ändert:

| 1,00 $ | 1.000.000 Einheiten |

1.10	900.000 Einheiten
1,20	800.000 Einheiten
1.30	700.000 Einheiten
1,40	600.000 Einheiten
1,50	500.000 Einheiten
1,60	400.000 Einheiten
1,70	300.000 Einheiten
1,80	200.000 Einheiten

Es gibt zehn Unternehmen, die jeweils 100.000 Einheiten zu einem Preis von 90 Cent produzieren (einschließlich aller Kosten, außer einem Zuschuss für Dividenden auf Investitionen), was jedem Unternehmen gerade genug Marge verschafft, um in der Branche bestehen zu können. Welche unmittelbare Auswirkung auf die Preise könnte ein aus sechs Unternehmen bestehender Zusammenschluss haben, vorausgesetzt, dass die Kosten pro Produkteinheit und die Produktion der unabhängigen Unternehmen unverändert bleiben ? Zeigen Sie für jeden der angegebenen Preise an, wie hoch die Marge der vier unabhängigen Wettbewerber (insgesamt) und des Zusammenschlusses sein würde. Welche weniger unmittelbaren Auswirkungen wären wahrscheinlich und warum?

18. Ist die Erteilung von Patenten ein mit Zöllen vergleichbarer Handelseingriff?

19. Ist es richtig, dass der glückliche Erfinder eines beliebten Spielzeugs 100 Dollar pro Tag damit verdient?

20. Ist es richtig, dass ein Erfinder durch Patentgesetze in der Lage sein sollte, die Gewinne seines Unternehmens hoch zu halten?

KAPITEL 29
ÖFFENTLICHE POLITIK IN BEZUG AUF MONOPOL

VERWEISE.

Anderson, BM, Jr. , Wettbewerb versus Monopol, das Thema der Kampagne. Independent, 73: 997-1002. 1912.

Bolen, GL , Klare Fakten zu den Trusts und dem Tarif. 1902.

Brown, WJ , Die Prävention und Kontrolle von Monopolen. 1915.

Clark, JB , Das Problem des Monopols. 1904.

Clark, JB und *JM* , Die Kontrolle von Trusts. Hrsg., 1914.

Clark, JM , Tarife für öffentliche Versorgungsunternehmen. AE Rev., 1: 473-487. 1911.

Collier, WM , Die Trusts. 1900.

Davies, JE , Treuhandgesetze und unlauterer Wettbewerb. 1916.

Durand, ED , Das Vertrauensproblem. 1915. Siehe auch QJE, 28: 381-416, 664-700. 1913-1914.

Durand, ED , Die Treuhandgesetzgebung von 1914. QJE, 29: 72-97. 1914-1915.

Ely, RT , Monopole und Trusts. 1900.

Gray, JH , Die Kontrolle öffentlicher Dienstleistungsunternehmen. AE Rev., 4 (Nr. 1, Supp.): 18-44. 1914. Diskussion am runden Tisch zu oben, 45-68.

Hotchkiss, WE , Aktuelle Vertrauensentscheidungen und Geschäfte. AE Rev., 4 (Nr. 1, Supp.): 158-172. 1914. Diskussion am runden Tisch zu oben, 173-195.

Jenks, JW , Das Vertrauensproblem. 1900.

Knauth , OW , Kapital und Monopol. PSQ, 31: 244-259. 1916.

Knauth , OW , Wettbewerb und Kapital. Ebd., 30: 578-590. 1915.

Knauth , OW , Die Politik der Vereinigten Staaten gegenüber dem Industriemonopol. 1914.

LeRossignol , JE , Monopole in Vergangenheit und Gegenwart. 1900.

Orth, SP (Hrsg.), Lesungen zum Verhältnis von Regierung zu Eigentum und Industrie. 1915.

Ripley, WZ, (Hrsg.), Trusts, Pools und Unternehmen. Hrsg., 1916.

* *Quellenbuch*, 383-385. Das Sherman-Kartellgesetz.

Stevens, WS, The Clayton Act. AE Rev., 5: 38-54. 1915.

Das Gewerbekommissionsgesetz. Ebd., 4: 840-855. 1914.

United States Industrial Commission, Bericht. 1898-1901. 19 Bde.

Wright CW, Die Ökonomie der staatlichen Preisregulierung. AE Rev., 3 (Nr. 1, Supp.): 126-131. 1913. Diskussion am runden Tisch über dieses Papier und das von JM Clark, 132-142.

Wyman, Bruce, Kontrolle des Marktes. 1911.

FRAGEN.

1. Was ist das Vertrauensproblem?

2. Hält die Öffentlichkeit das Wachstum von Trusts für gut oder schlecht? Was denken Studierende der Frage darüber?

3. Welche der folgenden Ansichten kommt Ihrer Meinung nach der Wahrheit am nächsten und warum? (a) Das Vertrauen ist ein natürliches und unvermeidliches Ergebnis moderner Bedingungen und ein deutlicher wirtschaftlicher Gewinn. (b) Der Trust ist das Ergebnis besonderer Privilegien und Unternehmensmissbrauchs. (c) Der Trust ist die größte Erfindung dieses oder eines anderen Zeitalters.

4. Wäre es eine gute Sache für die Gesellschaft, wenn ein Trust große Einsparungen bei der Produktion erzielen würde, seine kleineren Konkurrenten verdrängen würde, die Preise auf dem gleichen Niveau halten würde wie zuvor und die eingesparten Beträge unter seinen Aktionären aufteilen würde?

5. Wie würden sich die Auswirkungen auf die Gesellschaft ändern, wenn die Preise durch bessere Organisation und Abfallvermeidung gesenkt würden?

6. Wenn nachgewiesen werden könnte, dass Trusts die Preise gesenkt haben, sollte diese Tatsache sie von jeglichen Eingriffen der Gesetzgebung befreien?

7. Beschreiben Sie kurz die „unfairen Praktiken" monopolistischer Unternehmen. Welche Besonderheiten der jüngsten Eisenbahn- und Treuhandgesetzgebung zielen auf die Verhinderung dieser Praktiken ab?

anderswo seine Preise hochhält?

9. Zielen die meisten positiven Gesetze darauf, den Wettbewerb zu behindern oder ihn freier zu machen?

10. Kopieren Sie aus den Gesetzen zweier weit voneinander entfernter Staaten die Abschnitte, die sich auf die Kartell- oder Antimonopolgesetzgebung beziehen. Beachten Sie den allgemeinen Charakter dieser Gesetzgebung, Besonderheiten, Strafen für Verstöße usw. und diskutieren Sie.

11. Was sind die wichtigsten Bestimmungen in einem der folgenden Gesetze: (a) Sherman Anti-Trust Law, (b) Massachusetts Business Corporation Law, (c) The New Companies' Acts, England, (d) Deutsches Gesellschaftsrecht.

12. Zusammenfassung und Diskussion der Northern Securities-Entscheidung. Sehen Sie irgendwelche Argumente für die Bündelung? Halten Sie die Entscheidung für wirksam, um das Pooling zu stoppen? Ripley (Hrsg.), Trusts, Pools und Kombinationen.

KAPITEL 30
ÖFFENTLICHES EIGENTUM

Verweise.

Bemis, EW, (Hrsg.), Kommunale Monopole. 1899.

Brooks, RC, Municipal Affairs, 5: 1-346. 1901. (Eine umfassende und übersichtliche Bibliographie zu allen Aspekten kommunaler Probleme.)

Dewsnup, ER, Die Haltung des Staates gegenüber der Eisenbahn, eine Diskussion der Frage der Verstaatlichung. AE Assn. Bul., 4

Fairlie, JA, Jüngste Erweiterungen kommunaler Funktionen in der Ser., 1, Nr. 2: 175-187. 1911. (Band der Aufsätze und Diskussionen.)

Vereinigte Staaten. AAA, 25: 299-310. 1905.

Guyot, Yves, Wo und warum öffentliches Eigentum gescheitert ist. Trans. von HF Baker. 1914.

Knapp, MA, Staatseigentum an Eisenbahnen. AAA, 19: 61-73. 1902.

National Civic Federation, Bericht über den kommunalen und privaten Betrieb öffentlicher Versorgungsunternehmen. 1907. 3 Bde. (Eine monumentale Studie einer amerikanischen Delegation, die viele Städte Europas und Amerikas besuchte; im Wesentlichen günstig für die Ausweitung des kommunalen Eigentums.)

Winchell, BL, Tendenz zu staatlichem Eigentum an Eisenbahnen. Atlan . Mo., 110: 747-758. 1912.

Fragen.

1. Verengt jedes staatliche Unternehmen zwangsläufig das Feld für Privatunternehmen und verringert es den Wettbewerb?

2. Welche Formen staatlicher Tätigkeit begünstigen das Überleben untauglicher Männer und schlechter Charaktereigenschaften? Welche Formen helfen dem Stärksten zu überleben?

3. Was sind kommunale Franchise-Unternehmen? Wo sind sie?

4. Warum stimmt die Öffentlichkeit der Erteilung von Patenten oder öffentlichen Franchisen zu?

5. Welche Arten kommunaler Industrien haben Sie in Betrieb gesehen? Wie erfolgreich waren sie?

6. Was sind die Hauptargumente für und gegen das Eigentum und die Kontrolle der Stadt über Gas- und Wasserwerke? Welche Probleme ergeben sich aus der Stadtpolitik?

7. Nennen Sie die Industriezweige, die sich im Besitz und unter der Kontrolle von Städten und Gemeinden befinden, die Sie persönlich kennen.

Welche davon sind Ihrer Meinung nach am zufriedenstellendsten? Was am wenigsten?

8. Wie ist die öffentliche Meinung in Ihrer Heimatgemeinde zum Eigentum der Industrie an der Stadt?

KAPITEL 31
EINIGE ASPEKTE DES SOZIALISMUS

VERWEISE.

Brooks, JG , Das Problem des Syndikalismus. AE Rev., 4 (Nr. 1, Supp.): 115-130. 1914. Diskussion am runden Tisch zu oben, 131-157.

Clark, JB , Soziale Gerechtigkeit ohne Sozialismus. 1914.

Ensor, RCK , (Hrsg.), Moderner Sozialismus. 2. Auflage, 1907. (Auswahl aus sozialistischen Quellen.)

Gladden, Washington , Werkzeuge und der Mann. 1893. (Ein Beispiel für eine große Anzahl amerikanischer Bücher, die sich für die Anwendung der christlichen Ethik auf soziale Fragen einsetzen.)

Hillquit , M. , Geschichte des Sozialismus in den Vereinigten Staaten. 1903.

Hillquit , M. , Sozialismus in Theorie und Praxis. 1909.

Hinds, WA , amerikanische Gemeinden. 2. Auflage, 1908. (Beschreibt viele Experimente, allesamt Fehlschläge; von einem Sympathisanten des Sozialismus.)

Kirkup , T. , Untersuchung des Sozialismus. 3. Auflage, 1907. (Eine sympathische, aber keine parteiische Aussage.)

Lockwood, GB , Die New Harmony-Bewegung. 2. Auflage, 1907.

Martin, John , Ein Versuch, den Sozialismus zu definieren. AE Assn. Bul., 4. Folge, 1 (Nr. 2): 347-354. 1911. Diskussion am runden Tisch zu oben, 355-367.

Menger , A. , Das Recht auf den gesamten Arbeitsertrag. Trans. 1899. (Meisterhafte Kritik.)

Rae, John , Zeitgenössischer Sozialismus. 3. Auflage, 1901. (Standardwerk eines Nichtsozialisten.)

Schaeffle , A. , Die Quintessenz des Sozialismus. Hrsg., 1898. (Auslegung eines Nichtsozialisten, so günstig, dass sie von den Sozialisten als Traktat verwendet wird.)

Spahr, CB , Gegenwärtige Vermögensverteilung in den Vereinigten Staaten. 1896.

Spargo, John , Sozialismus. 1906. (Pro.)

Walling, WIR , Sozialismus wie er ist. 1912. (Pro.)

Walling, WE und andere, Der Sozialismus von heute. 1916. (Ein Quellenbuch.)

Watkins, GP, Wachstum großer Vermögen. 1907.

Wells, HG, Neue Welten für alte. 1908. (Ein Appell für eine gerechtere Verteilung; Fabian-Schule.)

FRAGEN.

1. Gibt es letzten Endes jemanden – pensionierten Kapitalisten oder ungelernten Tagelöhner –, dessen Anspruch auf das reale Einkommen, das er erhält, ausschließlich aus dem Eigentum, das er besitzt, oder ausschließlich aus der Arbeit, die er verrichtet, abgeleitet ist?

2. Was bedeutet es, seinen Lebensunterhalt zu verdienen? Wie viele Leute machen es?

3. Wenn Kapital in der Produktion benötigt wird, warum stellt sich dann die Frage der Gerechtigkeit, wenn für dessen Verwendung bezahlt wird?

4. Was ist die Lehre von der Wirtschaftsharmonie? Nennen Sie drei Beispiele (unterschiedlicher Art) aus der modernen Gesetzgebung, die dieser Doktrin zuwiderlaufen, und begründen Sie jedes dieser Beispiele.

5. Definieren Sie Wohltätigkeit. Wenden Sie die allgemeinen Grundsätze der Wohltätigkeit auf kostenlose Schulen, kostenlose Bibliotheken und kostenlose Kleidung für Schulkinder an.

6. Was ist wirtschaftliche Freiheit? Was ist der Unterschied zur politischen Freiheit?

7. Ist die Gewohnheit ein besserer Regulator des wirtschaftlichen Handelns als der Wettbewerb?

8. Was sind Besitzrechte? Stehen sie jemals dem Fortschritt im Weg? Beispiele.

9. Unterscheiden Sie zwischen sozialistischen und wettbewerbsorientierten Verteilungsprinzipien.

10. Welche Denkerklassen neigen am meisten dazu, sich dem Sozialismus zuzuwenden? (Klassen, die sozial, industriell, rassisch, wirtschaftlich und historisch betrachtet werden.)

11. Wäre eine Reduzierung des Gesamtprodukts durch den Sozialismus aufgrund der besseren Verteilung dennoch wünschenswert?

12. Welchen Effekt hätte es, wenn der Staat Arbeiter zwingen würde, für erfolglose Arbeitgeber zu niedrigeren Löhnen zu arbeiten als für

erfolgreiche? Oder sollten die Mieten für die weniger leistungsfähigen Händler und Hersteller gesenkt werden?

13. Gibt es eine Regel zur Bestimmung der Grenzen staatlicher Eingriffe?

14. Wenn Sie die Macht hätten, welche einzelne öffentliche Maßnahme, die Ihrer Meinung nach praktikabel und wirksam wäre, würden Sie in die Gesetzesbücher aufnehmen, um eine gerechtere Aufteilung des Sozialeinkommens zu erreichen? Gib Gründe.

15. Der Reichtum der Vereinigten Staaten stieg von 7.000.000.000 US-Dollar im Jahr 1850 auf 188.000.000.000 US-Dollar im Jahr 1912. Wie wurde dieser Reichtum gemäß (a) der sozialistischen Werttheorie verteilt? (b) die Einheitssteuertheorie? (c) die Werttheorie unter Wettbewerbsbedingungen?

16. Auf welche Weise wurde die Regel des Wettbewerbswerts in dieser Zeit hauptsächlich aufgehoben?

17. Würde der Sozialismus Stabilität und Regelmäßigkeit in der Wirtschaftstätigkeit garantieren und so das Phänomen von Wirtschaftskrisen und Depressionen beseitigen?

18. Auf welche Weise verschiebt die Besteuerung nun die Verteilung der Realeinkommen unter den Personen? Mit welchen anderen Methoden und in welchem Umfang könnte eine solche Besteuerung ausgeweitet werden?

Milton Keynes UK
Ingram Content Group UK Ltd.
UKHW010853010724
444982UK00005B/598